AF367308

Calendario del mercenario laboral

Conrado Rodríguez

ISBN papel: 978-84-686-6583-2

ISBN digital: 978-84-686-6584-9

Impreso en España

Editado por Bubok Publishing S.L

A mis asesorados.

ÍNDICE

ANEXOS

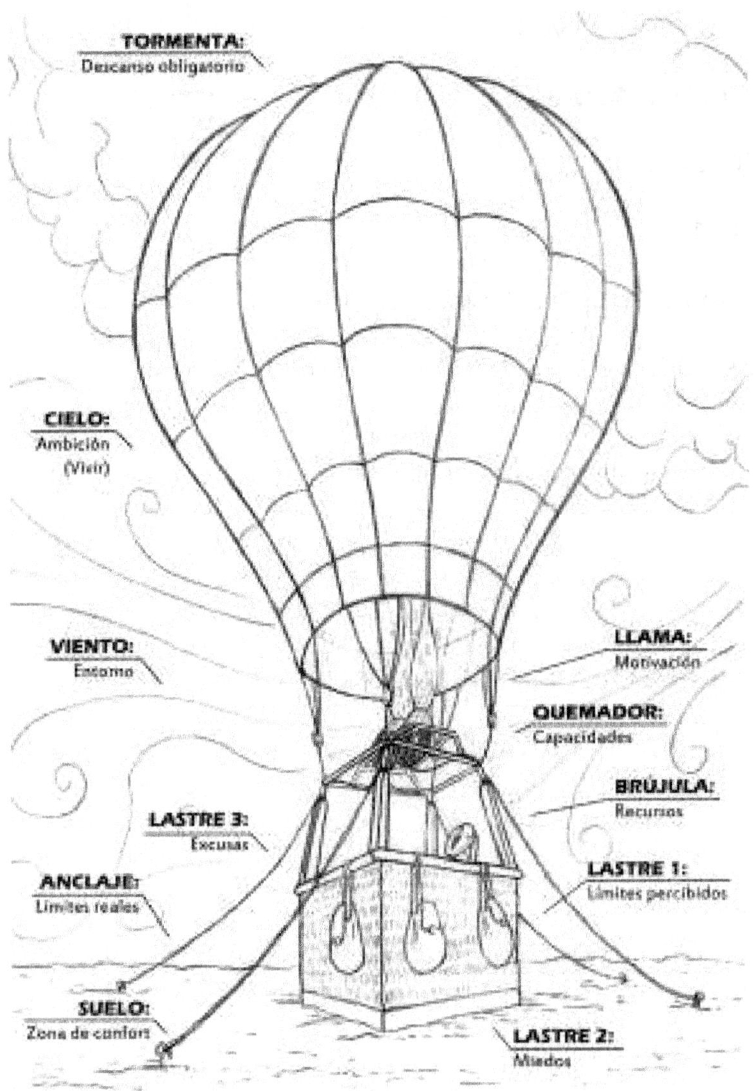

TORMENTA:
Descanso obligatorio
CIELO:
Ambición
(Vivir)
VIENTO:
Entorno
LLAMA:
Motivación
QUEMADOR:
Capacidades
BRÚJULA:
Recursos
LASTRE 3:
Excusas
LASTRE 1:
Límites percibidos
ANCLAJE:
Límites reales
SUELO:
Zona de confort
LASTRE 2:
Miedos

INTRODUCCIÓN

Diseñemos un Plan de Acción en forma de Calendario y...¡a ejercer nuestra profesión!.

Después de haber asesorado a personas en el territorio estatal para la consecución de su correcto posicionamiento profesional, me he decidido a redactar estas líneas para que la información recabada en las experiencias superadas sirvan a otros talentos que tengan la inquietud suficiente para adaptar su situación profesional a sus inquietudes personales. A veces esto implica cambiar de empresa, ser autónomo, cambiar de ubicación geográfica.... Antes de dar pasos tan importantes hay que ser muy sincero con uno mismo y preguntarse: ¿estoy bien donde estoy? ¿qué puede mejorar? ¿qué me hace disfrutar? ¿qué recursos tengo?.

El punto de partida es a veces el inicio de una carrera profesional con más o menos nivel formativo, un cambio desde una profesión no satisfactoria o simplemente la voluntad de ser conscientes de la cotización real de nuestro perfil profesional en el cambiante mercado de los puestos de trabajo, es decir, en otra empresa ¿me pagarán más? ¿tendré más posibilidades de promoción?.

Más allá de "encontrar un trabajo" mis técnicas son efectivas identificando el potencial del talento que acompaño y determinando el lugar donde profesionalmente encaja, satisfaciendo las inquietudes personales de mi acompañado.

En muchas ocasiones tocaré generalidades durante el Plan de Acción y ello será porque cada caso individualmente deberá transmitir su propio mensaje. Cada talento tiene unas inquietudes y unas experiencias que deberán traducirse en interés, pasión y motivación, canalizados hacia un puesto de trabajo específico. Esto significa que el contratador valora muy especialmente que nuestra mayor ilusión sea cubrir las necesidades del puesto de trabajo que hay vacante y no simplemente "ser seleccionados".

Invito a los lectores a ampliar la información de este documento con las herramientas de internet y los recursos de que dispongan, pero ante todo, que respeten el certero diseño de un robusto y efectivo Plan de Acción.

Día 1: ¿Soy un mercenario laboral?

¡Buena pregunta!. En realidad si tienes estas páginas delante de ti la respuesta más probable es: sí. Pero para tenerlo más claro y canalizar un poco las funciones de este manual, cabe preguntarse:

¿Te planteas una trayectoria profesional? ¿ejerces la profesión que has elegido o simplemente tienes una "fuente de ingresos"? ¿vas a tu trabajo con satisfacción? ¿te planteas fuentes alternativas de ingresos? ¿ha llegado el momento de cambiar de empresa? ¿las condiciones en las que trabajas son mejorables? ¿la relación entre tu salario y tu dedicación está compensada? ¿y entre tu salario y el nivel de responsabilidad que asumes mientras ejerces?

De las preguntas anteriores no hay respuestas mejores o peores, pero sí debemos plantearnos si la respuesta que damos nos parece asumible, si es la respuesta que querríamos dar. Si no es así, podemos diseñar un plan de acción muy efectivo y darle forma de agenda: el calendario del mercenario laboral.

Siempre hay alguna condición laboral que es mejorable: proximidad a casa, nivel de responsabilidad, calidad del ambiente laboral, nivel de presión y estrés, horario, flexibilidad del horario, necesidad de desplazamientos, posibilidades de promoción, nivel de autonomía o dependencia a la hora de tomar decisiones, estabilidad, responsabilidad civil, un sector que nos interese en especial, un puesto/cargo que nos interese en especial (dedicarnos a "lo nuestro"), afinidad de la empresa o el puesto con nuestros valores personales (hay personas que no soportarían trabajar en empresas de las que contaminan el medio ambiente), afinidad del puesto con nuestra formación de base, posibilidades de conciliar la vida personal con la profesional, o incluso condiciones económicas.

De los diecisiete puntos de párrafo anterior, el último es el económico, el salario. Se deduce fácilmente que ser un "mercenario laboral" no está necesariamente relacionado con el dinero.

Hagamos pues un ejercicio preliminar que nos servirá para el resto de nuestra actividad: creemos un filtro personal en el que podamos cuantificar lo importante que es para nosotros cada una de las características anteriores, es decir, del 1 al 10, cuán importante es la proximidad del trabajo a casa, el nivel de responsabilidad, la calidad del ambiente laboral…..

Concepto	Valor (1-10)
Proximidad a casa	
Nivel de responsabilidad	
Calidad del ambiente laboral	
Nivel de presión y estrés	
Horario	
Flexibilidad del horario	

Necesidad de desplazamientos	
Posibilidades de promoción	
Nivel de autonomía o dependencia ante decisiones	
Estabilidad	
Responsabilidad civil	
Un sector que nos interese especialmente	
Un puesto/cargo que nos interese especialmente	
Afinidad de la empresa o el puesto con nuestros valores personales	
Afinidad del puesto con nuestra formación de base	
Posibilidades de conciliar la vida personal con la profesional	
Condiciones económicas	

La pregunta en cada línea es, como indicaba antes, ¿cuánto es de importante para mí la proximidad a casa en un trabajo? ¿cuánto es de importante para mí el nivel de responsabilidad en un trabajo? (por alto o por bajo, no todo el mundo quiere asumir responsabilidades en el trabajo), ¿cuánto es de importante para mí el ambiente laboral en el trabajo?.... contra más sinceridad haya en las respuestas, tanto más felices seremos en nuestro posicionamiento profesional.

En la línea del nivel de responsabilidad no es únicamente la cantidad de pérdidas que tendría una empresa si cometemos un error, es la cantidad de recursos que nos son cedidos para realizar nuestro trabajo: recursos humanos y/o materiales. Aquí también podremos asumir responsabilidades a título personal (médicos, ingenieros, arquitectos…) pero no siempre es así.

Cada persona asignará valores distintos a cada concepto, puesto que todos valoramos en distinta medida cada punto en cada etapa de nuestras vidas. Como punto de partida, sin embargo, este "filtro" que hemos diseñado con nuestros valores de hoy será especialmente útil para dar una cifra al trabajo que tenemos y al que tendremos, para comparar futuras ofertas de empleo e incluso para detectar si otro empleo o profesión puede ser más afín a nuestras necesidades que aquél que en primera instancia nos empuja a movernos.

Si hay un concepto que es especialmente importante para nosotros y no está, lo podemos incluir en una fila adiciona, dos o las que hagan falta, siempre que sean condiciones especialmente importantes para nuestro criterio personal ante una oferta profesional. Por ejemplo, que valoren un grado de minusvalía.

Así, hecho este ejercicio, no volveremos a modificar los valores de nuestro filtro laboral personal si no cambia radicalmente alguna de nuestras condiciones personales, de forma brusca o, inevitablemente, con el tiempo.

Para las personas que se defienden con herramientas informáticas la realización de este filtro con hojas de cálculo es especialmente importante, ya que ahorra tiempo y permite una fácil comprobación de puestos en el futuro. Invito, pues, a estas personas, a crear el filtro laboral personal en un sencillo archivo.

Más adelante hay un capítulo dedicado a este tema.

Día 2. Punto de partida

Currículum Vitae hace referencia a la vida, no únicamente a la vida profesional. Así, antes de iniciar el redactado formal del famoso Currículum Vitae, vamos a escribir en un papel en blanco, todas nuestras características que son relevantes para un puesto de trabajo (recordar los conceptos del filtro laboral personal del apartado anterior). No olvidaremos incluir aptitudes e intereses.

Una ayudita:

Datos personales: nombre, apellidos, fecha de nacimiento, foto, ciudad de residencia, número de contacto telefónico, dirección de correo electrónico, link hacia redes sociales profesionales. No es necesario nada más, ni DNI, ni dirección completa, ni estado civil…. Pero sí es importante cubrir el mínimo imprescindible. Imprescindible.

Formación académica: <u>estudios reglados</u> (ciclos formativos de grado medio o superior, certificado escolar, ESO, bachillerato, Formación Profesional de primer o segundo grado, diplomaturas, ingenierías, licenciaturas, máster universitario, doctorado, grado universitario y alguno que podría dejarme) indicando el centro en el que se estudió y el año de finalización. En el caso de formaciones en las que obligatoriamente hay que hacer trabajos de final de carrera o proyectos o bien prácticas en empresa, cabe escribir una línea en la que se indique el tema de los trabajos o bien la empresa y cometido en la que se realizaron las prácticas. Si es apropiado, un link hacia el sitio en internet donde está accesible el Proyecto de Final de Carrera/Ciclo/Máster/Doctorado. También puede ser este el lugar de anunciar con una breve frase que el expediente académico está a disposición de la empresa bajo petición expresa, siempre que sea digno de mención. Y <u>formación no reglada</u>, indicando cursos, seminarios, charlas, certificados de capacitación, carnets, etc… Igualmente indicando el centro donde se estudió, número de horas lectivas y vínculos a trabajos académicos si es posible, si son accesibles desde internet.

Experiencia profesional: si no la hay, mejor poner aquí las prácticas en empresa, voluntariado o incluso clases particulares impartidas. Si no existe la experiencia, mejor omitir este apartado. Cabe indicar el nombre de la empresa, el tiempo en el que se ejerció, el cargo y las funciones. De ser una empresa en la que estamos trabajando ahora indicaremos "hasta la actualidad" y si queremos confidencialidad, no indicaremos el nombre de la empresa pero sí su tamaño y sector.

Idiomas: nivel de dominio real: básico, de conversación, de negociación, lengua materna. Si hay certificaciones oficiales de nivel, también se pueden escribir. Si hay muchos idiomas conocidos a anunciar, se pueden presentar en una tabla, sin olvidar nunca las lenguas maternas.

Informática: siempre invito a poner una tabla con tres filas y dos columnas, de modo que en la columna de la izquierda quedan los niveles de conocimiento y en la derecha se leen los programas o sistemas que se dominan. Quedaría algo como sigue, aunque con los nombres concretos (y versión del software, si es relevante) de los programas y recursos que se conocen:

Nivel avanzado	Bases de datos, procesadores de textos, programas de dibujo, programas de diseño, consultas legales online.
Nivel usuario	Gestiones con la Administración, uso de hardware complementario para procesamiento de imágenes y textos, correo electrónico.
Nociones	Herramientas online de traducción, foros técnicos específicos, consultas a bases de datos online, publicaciones técnicas, programas de cálculo matemático.

Es importante no omitir nada, puesto que estamos escribiendo las bases de un documento que nos representará ante una empresa que potencialmente puede contratarnos y no van a deducir nada que no esté escrito. No conviene contar con ello. Recientemente he leído en una oferta para el cargo de "Director Técnico" que el puesto requiere "tener que mantenerse al día buscando información del sector en internet".

Otros datos de interés: servicio militar, experiencias de voluntariado y clases particulares (si no se han incluido antes), carnets de conducir, disponibilidad de vehículo propio, disponibilidad inmediata, certificaciones para trabajar con animales, con carretillas elevadoras, intereses especiales afines a una empresa o puesto (coleccionismo, blogs, deporte…), disponibilidad de cartas de recomendación bajo petición expresa, formación en Prevención de Riesgos Laborales (si no se ha puesto antes), intereses, aficiones, premios, publicaciones…

Dentro de este último apartado del futuro Currículum Vitae incluiremos lo que se llama "currículum por competencias", que ayuda a lidiar entre las personas que hacen procesos de selección y las personas que necesitan cubrir un puesto determinado. Un seleccionador no sabe los detalles del puesto de "técnico de laboratorio" de una fundición o de una farmacéutica, por ejemplo, así que la empresa que contrata el proceso de selección enmarca las capacidades del candidato en 3 partes para facilitar la labor del seleccionador externo (o interno).

El currículum es "por competencias" cuando incluye los apartados "competencias técnicas", "competencias organizativas" y "competencias sociales", cosa que puede hacerse dentro de este mismo apartado de "otros datos de interés" o bien dentro de los "datos personales", después de facilitar los datos de contacto.

Competencias técnicas son las habilidades que nos dan los conocimientos y experiencia para afrontar problemas técnicos propios de nuestra actividad laboral. Muchas veces se pueden deducir de la formación, pero es una oportunidad para las personas que no cubren el 100% de la formación demandada para anunciar sus habilidades y competencias.

Competencias organizativas son las habilidades a la hora de gestionar equipos materiales, humanos, información y tiempo. También se puede hacer referencia a formación y experiencia para avalar las capacidades que aquí se anuncien, pero se espera algo más personal, una autodefinición sincera.

Competencias sociales son las habilidades en el ámbito social, con las personas del trabajo (y clientes, y proveedores....) y se esperan unos mínimos dotes comunicativos y de empatía, según el puesto que nos guste. No será el mismo grado de competencia social requerido en un comercial que en un técnico de laboratorio clínico, por ejemplo.

De momento sólo estamos volcando en una hoja nuestras características relevantes para luego darles forma de currículum, así que llegados a este punto podemos mirar lo escrito y revisar si está todo, si el documento que haremos después responderá a nuestra persona.

Más adelante, en los anexos, encontrarás ejemplos para redactar estas competencias.

Día 3: Currículum Vitae.

Recopilemos pues los datos del apartado anterior en el famoso documento. Existen muchas fuentes de ayuda: modelos de internet, asesores municipales, amigos, asesores privados... Como en todo, es cuestión de usar los recursos de que disponemos.

Con la información que tenemos del día2, completamos el esquema:

Datos personales (foto incluida)

Formación (reglada y no reglada)

Experiencia profesional

Idiomas

Informática (tabla)

Otros datos de interés

Una vez repartida la información del día 2 en estos apartados, les damos forma: negrita en las cosas que queremos destacar y **sólo en las cosas que queremos destacar**, justificamos el texto, verificamos ortografía, revisamos colores y ¡listos!....para verificar.

El documento resultante nos va a representar a nosotros, por lo que todas las opiniones de fuera son eso: opiniones de fuera. Cada persona que invitemos a ver el currículum vitae podrá hacer aportaciones varias que deberán ser consideradas, pero realmente, en una entrevista final con un empresario, ¿quién estará delante del mismo cuando éste empuñe nuestro currículum?

Así, el dueño de cada currículum decide si le gusta o no, si añade u omite cosas. Sin embargo, particularmente, mi opinión es que las reglas inquebrantables son:

- No mentir en el currículum, si bien se pueden omitir cosas.
- No excluir información si la creemos relevante aunque nos presionen para ello.
- Respetar un formato "políticamente correcto" (generalmente nada de apaisados con colores, logos, dibujos y nubes de texto, que los he visto).
- No darlo por finalizado hasta que realmente sea un documento que nos haga sentir....bien.
- Que sea un documento consecuente consigo mismo: si anunciamos ser detallista pondremos punto al final de todas y cada una de las frases, cuidaremos espacios y formatos, etc... además de decirlo, lo demostraremos.

Un truquillo para el currículum es la foto. No gustan los currículums sin foto porque da la sensación de ocultar algo. Un currículum sin foto entre 100 de ellos con foto… queda demasiado raro. Además, la foto permite ganar cierta ventaja: si un candidato a técnico de laboratorio pone una foto con bata blanca donde se intuye un laboratorio como escenario de fondo el seleccionador recibe un mensaje muy directo y potente. Visto esto, cabe preguntarse si el puesto de trabajo es al aire libre, conduciendo, en un gimnasio, oficina, nave industrial…. Y escoger un buen escenario e indumentaria para la foto. Será un busto, nada de cuerpo entero o encuadrar una cara. Como siempre, los profesionales saben cómo hacer su trabajo: ¿las fotos? los fotógrafos, si te lo puedes permitir.

Puede que en este punto hayamos creído detectar falta de formación o capacitaciones….vayamos por partes. De momento tenemos un filtro profesional personal y un currículum vitae efectivo.

En "otros datos de interés" es donde cabe la indicación de "carta de recomendación disponible bajo petición expresa". Si no la tenemos, debemos solicitarla a alguna persona que nos pueda recomendar. Ejemplos para solicitar y para redactar estos las cartas de recomendación.

Barcelona, a 15 de Abril de 2015

Señor/a NOMBRE,

Me pongo en contacto con usted, dada su actual posición y nuestra coincidencia en el pasado en la EMPRESA/DEPARTAMENTO XXX con el fin de que se anime a facilitarme unas palabras de recomendación que orienten a posibles seleccionadores de personal durante eventuales procesos de selección.

Agradeciendo de antemano su tiempo, le facilito mis datos de contacto y le invito a mantener contacto a través de redes sociales profesionales.

Atentamente,

NOMBRE APELLIDO

Formación

Teléfono

URL hacia LinkedIn

Barcelona, a 15 de Abril de 2015

A quien pueda interesar,

Yo, D/DÑA NOMBRE + APELLIDO habiendo coincidido con NOMBRE DE LA PERSONA RECOMENDADA en EMPRESA/DEPARTAMENTO, puedo recomendar profesionalmente la labor de la misma destacando sobre todo su (dedicación, entrega, efectividad, resolución, carisma, dotes de comunicación, versatilidad, honradez, variedad de recursos, capacidad de resolución, facilidad de trato, empatía…).

Y para que conste a los efectos que consideren oportuno, firmo la presente CARTA DE RECOMENDACIÓN.

Atentamente,

NOMBRE APELLIDO

DATO DE CONTACTO

Día 4. Carta de presentación

Vamos a escribir una carta en la que nos presentemos profesionalmente. Pueden darse 3 casos en las que sea necesaria: cuando optamos a una candidatura que conocemos por un anuncio, cuando queremos que una empresa nos conozca y no sabemos si busca gente o no (autocandidaturas) y finalmente cuando tenemos referencias de alguien y se nos invita a contactar.

La carta de presentación no se omite NUNCA, y es más importante que el propio currículum, ya que es la llave que permite a un seleccionador determinar nuestra afinidad con un puesto determinado (actual o futuro) en los segundos que presta a la documentación de cada candidato.

Así, la carta de presentación debe cumplir unas funciones muy concretas para abrir paso al currículum:

- resumir quién somos, destacando en negrita nuestros principales valores y avalando nuestra máxima afinidad con el puesto o empresa.
- facilitar datos de contacto y acceso rápido a nuestro currículum vitae.

No debe ser un resumen de todo el currículum sino sólo de aquellas partes potencialmente importantes.

Según la legislación sobre protección de datos, las empresas no pueden archivar alegremente y conservar información de nadie sin autorización expresa, así que enviar un currículum a una persona con la esperanza de que lo conserve no es una buena práctica. ¿La alternativa? Está en internet. En las redes sociales profesionales se puede tener un perfil público (al que se llega con una dirección URL, como si fuera una página WEB) en el que demos a conocer los mismos datos que en el currículum e incluso gestionar contactos y aumentar los mismos. Una de las frases más efectivas para mantener contacto con empresas de selección es *"Le invito a tenerme en cuenta en candidaturas afines a mi perfil profesional y a mantener contacto a través de XXXXXX"* donde las X pueden ser LinkedIn, por ejemplo. Alternativas a las redes sociales profesionales son blogs, Webs o incluso escanear el currículum y que esté accesible con un gestor de descargas, pero siempre a un "click" desde la carta de presentación.

Evidentemente, en el caso de un proceso de selección abierto, sí conservarán la documentación que les llegue sobre los candidatos y, si la persona que selecciona se lo permite, mantendrá igualmente el contacto con un potencial talento. Esto último, no obstante, la puede meter en un lío.

Una carta de presentación breve y certera dará acceso a nuestro currículum al proceso de selección y/o permitirá a la persona seleccionadora vincularse con nosotros para futuras ofertas. Ambas cosas son igual de importantes.

Para los que no se hayan dado cuenta, haciendo esto demostramos capacidad de acción, recursos propios y esas cosas que, además de anunciarlas en el currículum, podemos demostrarlas antes de que nos conozcan en persona: proactividad y recursos.

Los siguientes son modelos de cartas de presentación para autocandidaturas y en respuesta a anuncios, de forma genérica y personalizada, para servir como modelo a adaptar.

CIUDAD, a DIA de MES de AÑO

Al departamento de RRHH,

Soy NOMBRE + APELLIDO, tengo formación en el ámbito ÁMBITO a nivel de NIVEL DE ESTUDIOS, además de XX AÑOS de experiencia en los sectores SECTOR1, SECTOR2, SECTOR3.

Les contacto para ser tenido en cuenta ante posibles futuras vacantes, dada la especial afinidad de mis intereses profesionales con su SECTOR/EMPRESA, y les invito a mantener contacto mediante las redes sociales profesionales.

Atentamente,

NOMBRE + APELLIDOS

Teléfono

Dirección de correo electrónico

Link hacia LINKEDIN

Barcelona, a 15 de Abril de 2015

Al departamento de RRHH,

Soy Conrado Rodríguez, tengo formación técnica como Ingeniero Industrial y soy Máster en Prevención de Riesgos Laborales, además de 15 años de experiencia en los sectores químico, farmacéutico, cosmético y otros.

Les contacto para ser tenido en cuenta ante posibles futuras vacantes, dada la especial afinidad de mis intereses profesionales con su empresa, y les invito a mantener contacto mediante las redes sociales profesionales.

Atentamente,

Conrado Rodríguez García

(Número de teléfono)

conradorg@hotmail.com

http://linkedin.es/contadorg

CIUDAD, a DIA de MES de AÑO

Al departamento de RRHH,

En referencia a su anuncio publicado en NOMBREDEPUBLICACIÓN con la REF.NÚMERO les adjunto mi información profesional dada mi afinidad con el puesto y mi interés personal en este momento de mi trayectoria profesional.

Verán que tengo formación en el ámbito ÁMBITO a nivel de NIVEL DE ESTUDIOS, además de AÑOS de experiencia en los sectores SECTOR1, SECTOR2, SECTOR3.

Quedo a su disposición para aclarar o ampliar la información que consideren oportuna y les invito a mantener el contacto mediante las redes sociales profesionales.

Atentamente,

NOMBRE + APELLIDOS

Teléfono

Dirección de correo electrónico

Link hacia LINKEDIN

Barcelona, a 15 de Abril de 2015

Al departamento de RRHH,

En referencia a su anuncio publicado en INFOJOBS con la REF.op87424 les adjunto mi información profesional dada mi afinidad con el puesto y mi interés personal en este momento de mi trayectoria profesional.

Verán que tengo formación en el ámbito ÁMBITO a nivel de NIVEL DE ESTUDIOS, además de AÑOS de experiencia en los sectores SECTOR1, SECTOR2, SECTOR3.

Quedo a su disposición para aclarar o ampliar la información que consideren oportuna y les invito a mantener el contacto mediante las redes sociales profesionales.

Conrado Rodríguez García

(Número de teléfono)

conradorg@hotmail.com

http://www.linkedin.es/conradorg

Día 5. Entorno.

La mayoría de puestos de trabajo vacantes no llegan a anunciarse. Esto es porque los contratantes prefieren el aval de alguien conocido a un costoso proceso de selección en tiempos en los que todo el mundo dice ser capaz de hacerlo todo y ser apasionado por todas las profesiones, sectores y campos con tal de ser contratados. En realidad esta coyuntura potencia increíblemente las autocandidaturas o candidaturas espontáneas (ofrecerse a una empresa antes de que ponga un anuncio demandando talento).

Una forma de aprovechar la situación actual, como digo, son las autocandidaturas. Pero hay que utilizar primero los recursos más efectivos: contactos propios. Esto es, las personas que me rodean o me han rodeado, ¿saben qué trabajo quiero? ¿conocen mi grado de inquietud por cambiar?. Aquello de "el nene ha estudiado *eso de laboratorio*, como tu marido trabaja en una empresa química, pregúntale a ver si necesitan a alguien" debe convertirse en *"Federico es técnico de laboratorio en ensayos químicos, ¿puedo darte su contacto para tu marido?"*. Es decir, tu entorno debe conocer tu talento y *"caer en la cuenta"* de que tú encajas cuando se enteren de que una empresa es de tu sector, hay un evento que te interesa o un anuncio que te puede ser útil: usar tu red de contactos personales...y profesionales.

Esta red de contactos puede empezar por el entorno inmediato: familia y amigos. Un sitio donde pasa mucha gente y se habla mucho es....la peluquería. Cuando tenía mi despacho de ingeniería me enteraba de quién me iba a necesitar para una instalación gracias a las conversaciones con el estilista (peluquero), que siempre tenía unas cuantas tarjetas de mi despacho a mano para prescribirme. Viene a ser algo así: aprovechar el entorno.

Además de no descartar ninguna relación, puede que en el pasado hayas tenido que tratar con instaladores, comerciales, proveedores, transportistas.... Y cada una de estas personas tiene su propia red de contactos. Vale la pena mover este grupo porque es lo que pretenden las redes sociales en la red y porque, como dicen los titulares, la mayor parte de ofertas de empleo no llegan a anunciarse.

De igual forma que un entorno favorable ayuda en tu posicionamiento profesional, un entorno opuesto a este objetivo puede ser un lastre excesivo para un buen plan de acción. Puede que sea un entorno que cumpla otras funciones, pero mejor que no intervenga en ninguna medida (sobre todo a nivel de influencia psicológica) en nuestra determinación.

Si gestionas bien tu entorno, podría preguntarte: ¿tu entorno sabe qué trabajo buscas y a qué te dedicas?. Si la respuesta es sí….sigue haciendo lo que haces, sea lo que sea, para que esto se mantenga, mientras quieras reposicionarte profesionalmente.

Puede que sea buena idea hacerte unas tarjetas de visita para que tus contactos puedan prescribirte a un tercero y de paso se acuerden de ti cuando vean esta tarjeta al abrir a cartera.

Día 6. Empresas diana.

Cuando empiezo una charla a los alumnos que terminan su formación de máster les pregunto: "¿en qué empresa querríais trabajar?" y siempre dicen las mismas. Y luego les pregunto "y…¿os conocen?" y en lugar de contestarme se miran entre sí. Si quieres que alguien te contrate te debes dar a conocer.

Llegados a este punto tenemos un filtro profesional personal, un currículum que nos hace sentir bien y una carta de presentación certera que nos abre las puertas. Además, nuestros contactos personales nos sirven de ayuda. Vamos a utilizar estos recursos para entrar donde queremos.

Si sabemos que un puesto de trabajo en una empresa determinada obtendría una buena puntuación objetiva cuando la pasemos por el filtro profesional (ya veremos cómo hacer esto) la empresa en cuestión debe conocernos. ¿Cómo? Pues puede que tenga una página WEB, puede que les podamos enviar un currículum (siempre con carta de presentación) por correo ordinario al jefe/a de nuestro futuro departamento y/o al departamento de RRHH (Recursos Humanos), puede que lo podamos dejar en la recepción de la empresa, puede que tengamos acceso a los jefes o técnicos en un evento o feria sectorial, puede que en las páginas de empleo haya anuncios que nos indiquen cuáles son las empresas de RRHH externas que les hacen la selección a los de la empresa que nos interesa…. Y seguro que hay otras puertas que tocar, como algún contacto directo o indirecto de los que tenemos personalmente o a través de las redes sociales profesionales, que permiten ver si tenemos contactos dentro de empresas en primer orden o segundo. Estas opciones no son excluyentes, utilizarlas todas es lo mejor. Alguna vez me han llamado de una empresa que tenía mi currículum en su Web y lo han considerado al recibirlo mediante una página de empleo con bolsa propia.

Así pues las empresas donde querrías trabajar (por proximidad, estabilidad, salario….) ¿te conocen? ¿no? Pues debes presentarte. Escoge todas las vías que puedas y presenta tu potencial talento con esa carta certera, dejando claro que cuando haya un empleo de tu talla profesional pueden contar contigo y que esperas mantener contacto a través de las redes sociales.

¿Cómo mantener el contacto? Pues una vez te hayas presentado, únicamente hay que saludar en los momentos en los que hagas una actualización del currículum o simplemente por navidad, reafirmando tu interés por mantener el contacto y por ser tenido en cuenta. En el caso de que el personal de contacto cambie de empresa, te permitirá detectarlo y poder reaccionar.

Este trabajo de "sembrar" es tanto más desesperante cuanto más elevado es el nivel de responsabilidad al que se aspira, pero hay que tener en cuenta que el puesto de jefe de equipo (1 persona) se renovará previsiblemente menos veces que el de los miembros del equipo (más personas: ¿10?...¿100?...¿200?...). Además es un trabajo que… da frutos.

No olvides, pues, tomar buena nota de qué empresas deben conocerte, cuándo te has presentado, por qué vías y la frecuencia con la que vas a mantener el contacto. Una vez hecho el trabajo de presentación, bastará con contactar en fechas señaladas: "Me pongo en contacto contigo para saludarte en estas fechas tan señaladas y reafirmar mi interés

por ser tenido en cuenta en futuros procesos de selección. +
link hacia tu información profesional actualizada".

Recuerda que no es legal que se guarden información
sobre ti, pero sí un link hacia tu página WEB o perfil de redes
sociales profesionales.

Teniendo en cuenta que un proceso de selección
cuesta de un 10 a un 15% del salario bruto anual del candidato
y que la mayoría de portales de internet cobran por poner un
anuncio (lo que suele significar la recepción de una montaña de
currículums entre los que indagar), te aseguro que un buen
seleccionador o un jefe de departamento que en el futuro te
pueda necesitar… conservará tu contacto.

Recuerdo el caso de un amigo que envió un currículum
presentándose a una empresa cuya existencia y proximidad a
casa conoció al adelantarle una furgoneta de la misma: ¿en mi
pueblo hay un laboratorio de eso?. Le llamaron para conocerle
y, al poco, entró a trabajar. Antes estaba a una hora de casa y
ahora está a menos de 10 minutos de camino.

Si eres de las personas que domina las hojas de cálculo
también puedes gestionar tus empresas diana escribiendo el
nombre de éstas en la primera columna y en las sucesivas las
fechas en las que: les has mandado el currículum por correo,
por la Web, felicitaste las fiestas… Así te aseguras de no ser
pesado y de no desaparecer de sus bases de datos. Si con el
tiempo, tus personas de contacto se han ido de la empresa, lo
detectarás y podrás mantener el contacto con la persona en su

nuevo cargo y aquella que la ha sustituido. ¿Cómo? Mediante redes sociales profesionales, pero esto lo veremos más adelante.

Día 7. Empresas de selección

¿Qué empresas de selección te interesan? Quizá todas, pero una buena forma de clasificarlas es en función de las empresas que tienen por clientes.

Un sistema para conseguir un listado de empresas de selección es el basado en los filtros de las páginas web de empleo. Por ejemplo, si buscas empleos con la palabra clave "química" saldrán muchas ofertas que han puesto empresas de selección. Quizá deban conocerte (ya tienes más empresas para enviar carta + currículum). Si haces una búsqueda con la restricción del salario, porque quizá no puedas permitirte cobrar menos de 30000 € brutos al año…. Tendrás otras empresas de selección, otro listado de empresas que deben conocerte.

Como además puedes cribar geográficamente, es relativamente fácil conocer qué empresas de selección deben conocerte.

La mecánica del mensaje es la misma que con las empresas diana: "soy un talento y tarde o temprano me necesitaréis, contad conmigo y mantened el contacto a través de redes sociales profesionales".

Las redes sociales profesionales permiten hacer este ejercicio de búsqueda directa y contactar con seleccionadores y técnicos de RRHH, pero es interesante utilizar varias vías para llegar al mismo sitio porque siempre hay información adicional. Por ejemplo varias bolsas de empleo y/o motores de búsqueda.

Anotemos en la agenda saludar de vez en cuando a nuestros conocidos de las empresas de selección.

No te sorprenda que en ocasiones sean gabinetes psicológicos o de abogados, los que hacen las selecciones. Sin problema, son personas y también mantienen el contacto (pero no conservan datos personales).

Existe la opción de presentarse en las oficinas de la empresa de selección, aunque nos inviten allí a enviar el currículum vitae por email o mediante su web. Vale la pena por aquello de demostrar proactividad y conocer personalmente a equipo seleccionador, si es posible.

Si tienes contactos en las empresas diana del capítulo anterior es fácil que éstos conserven a su vez contactos con las personas que les seleccionaron. Con las redes sociales profesionales esto se hace muy fácilmente, permitiendo además vincularse con ellos e incluso pedir una presentación formal, aunque sea virtualmente.

Día 8. Calendario.

Para ser el octavo día no está mal, ya tenemos un montón de recursos y nos hemos presentado de forma certera en unos cuantos sitios que deben conocernos. Puede que incluso empecemos a recibir llamadas.

Nuestro plan de acción tendrá forma de calendario, en el que vamos anotando cuándo vamos a mantener el contacto con cada entidad para ser tenidos en cuenta.

Además, hay formaciones que nos interesan: personalmente, porque debemos capacitarnos para progresar, porque nos apetece, porque son oportunidades muy concretas....

Invito a cualquiera que lea a tomar buena nota de las formaciones que tiene en su entorno y pueden ser interesantes. En Barcelona, por ejemplo, tenemos las actividades de las Cámaras de Comercio, del Centro de Seguridad y Salud en el Trabajo, de su equivalente en Cataluña, de Institutos Universitarios, Municipales... en ocasiones de pago y en ocasiones gratuitos.

Cumplimentemos pues la agenda-plan de acción con aquellas formaciones que sean de nuestro interés. Además de dotar de recursos a nuestro perfil profesional vamos a ampliar el número de contactos personales y profesionales que tenemos, lo cual tiene un enorme valor, dada la comentada relación entre los puestos de empleo que deben cubrirse y los anuncios que hay en las páginas de empleo. A las formaciones va gente inquieta, como nosotros, de la que vale la pena conocer.

Incorporemos también las ferias y eventos sobre los temas que nos interesan. ¿Ferias de agroalimentación? Las hay. ¿Deporte? También. Todos los eventos de los recintos feriales son puntos de encuentro de personas que, además de anunciar inquietud, la demuestran. Vayamos pues a estos eventos y detectemos empresas interesantes, personas interesantes e información relevante. Incluso puede que de ellas saquemos una foto que vaya luego al currículum, demostrando así que ya estamos metidos en el sector.

Día 9. Internet.

¿Cómo puede ayudar internet a posicionarte laboralmente? Pues lo que hemos visto hasta ahora es que un perfil profesional creado en redes sociales profesionales (con uno basta) será útil para crear y mantener contactos y para facilitar un rápido acceso a tu información actualizada al margen de la ley sobre protección de datos. Las bolsas de empleo servirán para detectar empresas interesantes para nosotros, consultorías de RRHH y también algunas ofertas que nos puedan interesar.

Las redes sociales no profesionales pueden aportar algo pero no son tan potentes como podrían en esta tarea, y hay aplicaciones para dispositivos móviles que también pueden ayudar. Como el tiempo es finito, dediquemos el grueso de tiempo y atención a las puertas efectivas: darnos a conocer de forma certera donde tarde o temprano nos van a necesitar.

¿Cómo utilizar las bolsas de empleo y redes? Pues cada una en la medida que merezca. Si hacemos el ejercicio de seleccionar las bolsas de empleo que más se mueven y las redes cuya actividad publica más ofertas, podremos ver la frecuencia con la que tienen información interesante para nosotros. Suele ser una vez por semana, así que en el plan de acción o diario de trabajo, deberíamos seleccionar un día a la semana para navegar por estas bolsas y captar información nueva: ofertas, empresas que no interesan, empresas de selección, anuncios en las redes profesionales...

Como efecto secundario de la búsqueda por la red, mientras vamos entrenando la vista para detectar cosas relevantes para nuestra carrera profesional, veremos qué características requieren los puestos que nos interesan. Es suficiente con fijarse en los requerimientos que piden en los candidatos salvo en los que hacen referencia a características personales (dinamismo, acostumbrado a trabajar bajo presión, sensible a las variables condiciones del puesto, facilidad de comunicación, extroversión, capacidad de adaptación, empatía...) En su momento, si es necesario, deberemos adquirir o potenciar algunas de estas características. Una vez potenciada y/o asumida, deberemos anunciarla y darla a conocer, si no ...¿cómo van a saber que encajamos en un cargo?.

De requerir alguna formación, internet será otra fuente útil por las formaciones online y como directorio de cursos, pero deberemos preguntarnos *¿me formo en esto porque quiero o porque es "lo que toca"? ¿realmente me ayudará a estar donde quiero estar? según mi carrera académica, ¿es correcto?.* Tampoco en este caso hay respuestas correctas, la vida es larga y las personas que han estudiado ciencias químicas durante años pueden tener interés por la fitoterápia o el Ving Tsun Kung Fú. Simplemente cabe hacer la reflexión antes de dedicar recursos a una actividad de las que se pueden escoger en el océano formativo de la red. Esto nos ayudará a diferenciar entre una *meta vital* y una *tarea profesional*, pudiendo ser conscientes de la decisión tomada y reduciendo el esfuerzo para ejecutar la rutina que implique.

Hay que recordar que las formaciones a veces exigen prácticas en empresa, lo que significa aumentar la red de contactos profesionales y "abrir puertas". En algunos casos las formaciones son a distancia (incluso las regladas, y no sólo universitarias) y compatibles, por tanto, con otras actividades. En otros casos son presenciales pero gratuitas, para potenciar habilidades muy concretas y organizadas por entidades municipales....pero se puede encontrar muchísima oferta. Incluso, teniendo en cuenta todos los talentos que hay en casa, se puede buscar un profesor particular para aprender o refrescar conocimientos. Y si existe la posibilidad de recurrir a una bolsa de tiempo (o banco de tiempo) puede que también salga a coste económico cero.

Sumamente importante es conocer si la academia donde queremos estudiar tiene bolsa de empleo y hacer buen uso de ella.

Un buen consejo antes de repartir nuestra dirección de correo electrónico habitual entre las páginas de empleo y de formación es crear una cuenta de empleo alternativa, dada la cantidad de información comercial susceptible de ser recibida.

Para nuestro calendario: probaremos las aplicaciones de móvil, páginas de búsqueda de empleo, redes sociales y redes profesionales y a cada una le asignaremos una "frecuencia de uso", pasando el dato a la agenda y revisando fielmente con la periodicidad que hemos determinado para cada caso los sitios de internet que hemos considerado de utilidad.

Un recurso adicional de internet son los foros y revistas técnicas, que además de darnos información sobre el sector que nos interesa:

- Avalan el interés que tenemos en el mismo.
- Son material susceptible de indicar en el Currículum ("Miembro del foro ingenierosatope desde enero de 2014").
- Son un recurso a tener en cuenta ante problemas profesionales complejos durante el ejercicio de nuestro trabajo.

-    Demuestran que no únicamente decimos pertenecer a
     un sector sino que realmente estamos metidos en él.
-    Son también fuente de primer contacto con entidades
     y profesionales del sector que nos interesa.

Día 10. LinkedIn

Tanto ésta como otras redes sociales profesionales ayudarán a establecer y mantener el contacto con profesionales del sector que nos interesa y con profesionales de empresas de selección y nos facilitará también acceso a ofertas de trabajo interesantes, además de allanar el camino a autocandidaturas.

¿Qué hacer? Pues escoger la red profesional más interesante y completar un perfil. Incluir los contactos que ya podemos tener, rescatar los contactos que hayamos tenido y hayamos perdido y aumentar los contactos siempre que éstos puedan contribuir en alguna medida a nuestro posicionamiento profesional.

En el caso de LinkedIn, es interesante saber que, para que se nos tenga en cuenta, debemos tener lo que se denomina un rendimiento de perfil *"eminencia"*, para lo que hay que tener todos los campos de información propia cumplimentados, foto, estar en activo aunque la actividad profesional sea *"en búsqueda activa"* o similar, tener un mínimo de contactos y tres aptitudes en nuestro perfil. En el caso de que nuestro plan de acción de posicionamiento profesional deba pasar desapercibido, mejor activar la casilla para que nuestros contactos no sean notificados ante cambios en nuestro perfil.

Una vez creado el perfil, podremos formar parte de grupos, que en algunos casos tienen la finalidad de ofrecer empleos; seguir empresas, incluir en nuestro currículum premios, voluntariados, recomendaciones, publicaciones... Mejor navegar por los perfiles de los contactos y enriquecer el propio con todo lo que sea atractivo para nuestro interés profesional. Debemos recordar que el currículum vitae no lo puede conservar nadie sin nuestra autorización expresa en el marco de la Ley de Protección de Datos...pero nuestro perfil de LinkedIn puede ser público y accesible desde Google, pudiendo consultarse incluso sin tener una cuenta creada. Se puede y debe personalizar el link hacia nuestro perfil por elegancia, al estar junto a la firma de la carta de presentación, en el currículum vitae, las tarjetas de visita...

Es muy importante no omitir nada en el perfil público, porque la forma de diferenciarse de otros candidatos es orientar al orientador con el tipo de inquietudes personales que nos hacen afín a un sector, empresa o empleo. ¿No seremos compatibles con todos los empleos? Obviamente, no.

Con la frecuencia que determinemos, revisaremos las ofertas de empleo de las redes profesionales.

Hablemos del apartado "extracto" de esta plataforma. Para LinkedIn todos los perfiles públicos pueden verse desde Google, de modo que el extracto es lo primero que aparecerá, como una tarjeta de presentación.

En el caso de una situación de desempleo, el típico "en búsqueda activa de empleo" o "en búsqueda activa de posicionamiento profesional" puede ser suficiente.

Si alguien está trabajando y no quiere que su condición sea conocida, hay fórmulas para indicar de forma sutil cierta receptividad ante oportunidades profesionales:

"Abierto a nuevos desafíos profesionales..."

"Atento a oportunidades de desarrollo profesional..."

"Siempre alerta ante colaboraciones interesantes."

"Caracterizándome la inquietud y las ganas de mostrar mi versatilidad..."

"Buscando proyectos en los que volcar mi talento..."

Día 11. A descansar…..o no.

Este día es para tomar un respiro…siempre que esté todo al día. Verifiquemos:

- Tienes tu criterio para definir un buen puesto de trabajo en forma de tabla objetiva. El filtro profesional personal.
- Tienes un currículum vitae con una buena foto y un contenido y formato que te encanta. Lo han revisado y te han aconsejado sobre él.
- Tienes un perfil en una red profesional (al menos) y vas contactando con personas que pueden ayudarte a estar donde profesionalmente quieres.
- Tienes acceso a redes sociales que van publicando anuncios de empleo o recursos de tu interés. La periodicidad de consulta está plasmada en tu agenda.
- Te has inscrito en foros de tu sector y recibirás publicaciones periódicas con información fresca de tu sector.
- En la agenda has marcado los eventos que son afines a tu interés profesional para asistir con los ojos abiertos a oportunidades, información, contactos y demás recursos.

- Has solicitado a tus contactos profesionales cartas de recomendación para anunciar su existencia en el currículum.
- Sabes con qué frecuencia debes consultar las páginas de empleo para no saturarte, desesperarte y tirar la toalla: así te lo recuerda la agenda.
- Has detectado charlas y formaciones compatibles con tus intereses y situación actual y también tienes un control sobre la frecuencia en la que debes actualizar la agenda en este sentido.

Día 12. Más allá de internet.

En el tú a tú existe una especial forma de conseguir cosas. Muchas bolsas de empleo son gestionadas por personas que pueden resultar accesibles: las del colegio profesional, las de la universidad, instituto o academia, las municipales… Cada una de ellas estará incluida en nuestra agenda para ser consultada con la frecuencia adecuada, pero además, si hay la posibilidad de conocer a la persona que la gestiona, mejor.

Esto también se aplica a empresas de RRHH (empresas de trabajo temporal incluidas), que están constituidas por personas y puede que prefieran comprobar el interés por sus oportunidades de una forma real (presentándose) y no mediante un frío correo electrónico enviado desde cualquier lugar más o menos digno.

Viene a ser la equivalencia a mantener el contacto con las personas de empresas que no conocemos en persona, cosa que hacemos según nuestra agenda en fechas señaladas o cuando modificamos el contenido del currículum. Simplemente pasar a saludar demuestra interés y disponibilidad, pero sin mendigar, la desesperación no es atractiva en nadie y, al fin y al cabo, no pretendemos que se nos regale nada, simplemente, ejercer una profesión. En estos casos otra forma de distinguirse vuelve a ser una tarjeta de presentación, que puede hacerse incluso con medios domésticos, y que podremos utilizar en los eventos sectoriales interesantes que tenemos en la agenda cuando conozcamos a alguien. Al igual que la carta de presentación, no pide que alguien se guarde nuestro currículum, pero sí incluye un link hacia nuestro perfil en la red profesional de turno. Como nunca se sabe quién puede resultar una oportunidad (incluso el estilista capilar comentado), no es mala idea llevar siempre una tarjeta de presentación e incluso un currículum en formato digital para poder pasarlo de forma ágil (móviles, bluetooth….). Una vez más no sólo decimos estar preparados sino que lo demostramos.

Existen entidades que se han especializado en la colocación de mayores de cierta edad o de personas con un grado de discapacidad (a nivel estatal las empresas están

obligadas a tener un porcentaje de personas con discapacidad, no estamos mendigando sino que somos una oportunidad). Si alguna característica personal te convierte en potencial usuario/a de estas entidades....más fechas para añadir a la agenda y recursos a utilizar.

Día 13. Inglés e informática.

Dos clásicos. Para mejorar el nivel de un idioma existen audios, tests, y otros recursos en internet, grupos de practicantes, academias de distintos precios (incluso gratuitas), grupos de voluntarios, bibliotecas con ejercicios y libros de distintos formatos, profesores particulares, traductores online... si realmente es algo que te falta para ocupar el puesto al que optas, dedícale algunos recursos. Obviamente, quien dice inglés dice cualquier otro idioma, pero el inglés es con diferencia el más solicitado. En una ocasión me entrevistaban en una potente empresa farmacéutica y nos acompañaba en la sala una pizarra con textos en chino. Seguro que para ellos el inglés era secundario. En otras empresas el segundo idioma que enseñan es ruso....el tiempo dirá.

¿Informática? Bueno... es poco preciso, no es lo mismo lo que necesita conocer un electrónico industrial (programación de PLCs, autómatas o variadores de frecuencia) que la recepcionista de una oficina. En cualquier caso, la práctica da confianza, así que si realmente puede ser considerado un problema para tu posicionamiento profesional, deberemos incluir esta actividad en nuestras rutinas: utilizar el software que debemos conocer para ser y tener conocimientos a nivel usuario.

Es muy importante no subestimar ni dar por supuesto ningún conocimiento en informática: si lo tenemos, así lo indicamos en el currículum. En una ocasión, en los años 90, ayudé a un ingeniero superior informático a limpiar la bola del ratón de su ordenador porque no sabía por qué el ratón "iba mal". ¿Ningún ingeniero superior informático sabía? Sólo los que no anunciaban "conocimientos sobre hardware" en su currículum, ante la duda.

Día 14. Ingresos pasivos.

Vienen a ser aquellos a los que se les dedica tiempo una vez y dan un rendimiento durante un tiempo, como la propiedad intelectual de quien escribe un libro, dibuja, canta o pinta un cuadro: con la debida gestión los ingresos vienen con el tiempo. Puede que alguna actividad que nos despierte interés nos permita acceder a este tipo de ingresos, además de permitirnos incluir el dato en nuestro perfil profesional (actualizando el currículum vitae pero también el perfil en las redes sociales profesionales). Si es así, podemos dedicar recursos a llevar a cabo esta actividad, siempre que realmente nos apetezca.

Otra posibilidad de ingresos pasivos son las páginas WEB, Blogs o canales de video, espacios en los que se pone información accesible a todos los usuarios de internet y, cuando el número de visitas es considerable, resulta una página atractiva para empresas que quieren anunciarse. Los anuncios son en realidad la fuente de ingresos, y puede hacerse un anuncio concreto con una entidad concreta que esté interesada o bien recurrir a un gestor de anuncios que utilizará nuestro sitio en la red para su publicidad, analizando usuarios y perfiles para que sea publicidad efectiva.

Básicamente la tarea es crear un sitio en la red y recibir visitas, contra más, mejor.

Cada vez hay más personas que consiguen ingresos por estas vías: profesores que se graban dando clases de asignaturas "duras", videos de cocina, manualidades o bricolaje, consejos financieros... es todo un mundo el arte de la cotización de los "clicks" que hacen en cada página o anuncio y la temática más cotizada, las fuentes de información nueva en la red, los gestores de imagen virtual, el márquetin online, el posicionamiento en los buscadores... No hay una fórmula efectiva, pero si la hubiera incluiría factores como: ¿quién es mi competencia? ¿soy capaz de aportar contenido nuevo a la red? ¿puedo hacerlo con periodicidad?. En base a esto, el posicionamiento "natural" va teniendo lugar, aunque de forma poco ágil. Las empresas potentes pagan para aparecer las primeras en los buscadores, lógicamente, es márquetin.

Existen muchos artículos y libros sobre "ingresos pasivos" y no entraré en detalles ya que, desde el punto de vista de la búsqueda de empleo, lo que nos interesa son sinergias de esta actividad con aquella que queremos ejercer. Un ejemplo, un monitor de gimnasio que tiene un blog sobre dietas, ejercicios y vida sana, o bien un canal de videos donde muestra la correcta ejecución de ejercicios. En este caso, su actividad en red avala su dedicación a su profesión.

Otra cosa son los ingresos alternativos: compra-venta de objetos, arbitraje en algún deporte, clases particulares, pertenecer a un grupo de música, inversiones bursátiles… son fuentes de ingresos adicionales pero no se pueden considerar, por definición, ingresos pasivos.

Día 15. Colaboraciones.

Una colaboración esporádica puede abrir muchas puertas. Desde conocer lo que implica darse de alta un único día como autónomo para ejercer haciendo una suplencia en una empresa hasta el trabajo de recolección en el campo hay un gran abanico de trabajillos que pueden ayudarnos a conocer sectores por los que podemos mostrar interés, empresas que nos pueden interesar, unos ingresos puntuales...

Cada vez que veo a un "manitas" y tengo ocasión, le recomiendo que hagan fotos (ya que todos llevamos una cámara fotográfica en el teléfono móvil, tendremos que aprovechar este recurso) del antes y después de sus intervenciones: pintar una casa, montar una persiana, restaurar un mueble, reparar un electrodoméstico, montar un ventilador de techo, un mueble, reparar una superficie, pintar madera, instalar cerraduras... la clase de chapucillas que mucha gente sabe hacer...pero más gente aun no sabe o no quiere hacer. Si un artista lleva un libro o book con sus creaciones, ¿por qué el manitas no puede llevar su colección de intervenciones?. Todos llevamos también en el teléfono móvil un pequeño ordenador capaz de recibir fotos que incluyan a la vez las imágenes del antes y el después o incluso permiten ver el book entero en formato pdf. Además de ser manitas, ¡vamos a demostrarlo!.

Para un potencial contratante es interesante saber si deberá darte de alta en la Seguridad Social o tienes capacidad para gestionar tú sólo la situación laboral ante una colaboración puntual. Los asesores municipales pueden ayudarte en este caso, describiendo los pasos a seguir y el coste real de ser autónomo durante un día o una semana. Con este dato, en una obra, una situación atípica o un problema concreto, una empresa puede tenerte en cuenta. En el mejor de los casos hablamos de 50€/mes, y el siguiente escalón se va a los doscientos sesenta y pico euros al mes. Pero mejor informarse en cada ubicación geográfica. Para entrar en algunas empresas es necesario haber recibido formación en Prevención de Riesgos Laborales y tener Equipos de Protección

Individual y formación sobre su uso, además de un seguro de responsabilidad civil…. Como decía, mejor pasar y hacer la consulta con el asesor de turno. ¿Engorroso? Sí, pero únicamente hay que hacerlo una vez, luego ya vamos con ventaja ante otras personas que ni se lo plantean.

Las colaboraciones de voluntariado, al no ser remuneradas, no siempre están bien vistas, ya que el altruismo es algo que cada uno lo interpreta de una manera. En realidad, siempre que colaboras con alguien, algo te llevas: experiencias, contactos, recursos… el dinero no lo es todo, pero todos comemos y la comida tiene un precio.

Como las oportunidades están donde se buscan, pongo otro ejemplo: una persona pasea 4 perros ajenos a la vez. Para conseguirlo tiene en el local de un amigo un folio en el que se anuncia por 4€/hora como paseador de perros o bien lleva una camiseta en la que la imprenta le ha colocado el mensaje, por delante y por detrás, de "paseo con tu mascota". ¿Qué es mejor, lo primero o lo segundo? No son publicidades excluyentes, por lo que se pueden hacer las dos cosas, pero en el segundo caso hay una demostración del servicio y en el primero únicamente "alguien" ha puesto un papel en el cristal de un comercio. Ni siquiera sabemos si el papel en el local lo ha puesto el familiar de una persona muy sedentaria, dependiente, apática e irresponsable. El resultado real es que nadie llama al teléfono del papel, pero al de la camiseta le preguntan muchas personas: el que tiene perro está obligado a pasearlo quiera o no.

Día 16. Excusas.

Como siempre se me hacen las mismas preguntas durante los seminarios, me adelanto e indico las respuestas a las pegas más habituales. Las nuevas….ya me llegarán.

En cualquier caso, debemos estar alineados con nuestro objetivo: ¿nuestro entorno es favorable para que nos posicionemos laboralmente donde queremos? ¿nuestra conducta es la adecuada para posicionarnos laboralmente donde queremos? ¿nuestras capacidades son las adecuadas para posicionarnos laboralmente donde queremos? ¿nuestras creencias son las adecuadas para posicionarnos laboralmente donde queremos? ¿nuestros valores personales son afines al posicionamiento laboral que queremos? ¿nuestra identidad es afín al posicionamiento profesional que queremos? ¿lo que hay más allá de nosotros (energía, Dios, fuerzas cósmicas) es afín a nuestro posicionamiento laboral ambicionado?

En este ejercicio de alineación en el que analizamos factores personales desde los más fáciles de modificar hasta los más difíciles de modificar, podemos clasificar los inconvenientes que encontraremos, las "piedras del camino".

Es muy importante indicar que, mientras no exista alineación, no hace falta que hagamos nada, porque sea cual sea el paso que demos, reflejaremos la falta de alineación anunciada. Una carta escrita y enviada con la convicción de que no nos van a llamar reflejará tal voluntad, mejor no enviarla y trabajar la convicción.

Vamos allá con las cuestiones típicas: "Todo esto sólo sirve si tienes experiencia". Ataca directamente a la parte de la alineación que hace referencia a las creencias. Mientras exista esta creencia, no hace falta que hagas nada, salvo combatirla. ¿Realmente crees que es absolutamente imposible que alguien ocupe el puesto sin experiencia? ¿no ha existido nunca en ningún lugar antes que lo haya hecho? ¿pondrías la mano en el fuego?. Si miras en las bolsas de empleo de las universidades y centros universitarios, en muchas ocasiones las ofertas se llaman "responsable de…" o "jefe de…". De ahí a "director de…" sólo hay un paso, siempre que el candidato lo vea. Los perfiles que se encuentran en las bolsas de las universidades no se caracterizan por su experiencia profesional.

Un apabullante abanico de recursos: contactos profesionales, publicaciones técnicas, foros, recursos online, formación, calidad del trabajo, publicaciones, experiencias, premios… abren las puertas a muchos puestos. Además, todos los "directores de…" antes de serlo…¡no lo eran!

Ante una creencia hay dos formas de actuar: recopilar datos internos o recopilar datos externos. Esto significa que los estudiosos de la negociación han determinado que hay dos perfiles psicológicos a la hora de aceptar una idea nueva: los que buscan referencias en el exterior (fíjate en las estadísticas, mira la biografía de este o aquél personaje, mira los periódicos…) y los que buscan referencias en el interior (recuerda cuando tenías que conducir por primera vez y parecía que todo el mundo podía y tú no, y que todos podían ver muchas cosas mientras manejaban el volante pero tú te saturabas…).

"Como hay crisis y no hay trabajo, no me voy a colocar". Otra creencia. Este texto no va de colocarse, sino de posicionarse profesionalmente. En el momento que decidimos ser profesionales de algo, ya debemos empezar a ejercer: si quiero ser bombero, me haré de la patrulla de voluntarios...o lo que haga falta, las pegas e inconvenientes ya irán viniendo...pero también las oportunidades.

En los años de crisis económicas, y debido a lo contenido dos párrafos más arriba, lo que más daño ha hecho han sido los mensajes de los medios de comunicación: "aumenta el paro", "bajan los sueldos", "una generación perdida"... Sin embargo las empresas que han crecido, que las ha habido, han tenido problemas para encontrar profesionales: todo el mundo dice saber de todo, no puedes discriminar cuándo un candidato tiene experiencia por verdadero interés por lo que hizo o bien porque en aquél momento el puesto era "el que había", si pones un anuncio recibes cientos de currículums... han sido años duros para la selección de talentos.

Así, como vengo diciendo, los primeros pasos son: autoconcepto (filtro profesional) y que te conozcan y ampliar contactos, foros específicos... es decir, de algún modo, ¡empezar a ejercer!.

En un caso, una persona asesorada estudió durante seis años una técnica artística y recibió, al igual que sus compañeros de pupitre, el mensaje directo de sus mentores de que estaba muy bien estudiar y trabajar bien el arte, pero que no pensaran que iban a poder vivir de ello. Seis años recibiendo ese mensaje es demoledor. Cuando terminaron los estudios, muchos tenían fuentes de ingresos alternativas a su inhibida profesión. En el momento en que recurrió a mí y nos planteamos el alineamiento, pasamos por el primer punto:

entorno. ¿Tu entorno es afín a que trabajes de lo que quieres?. Dado el grupo de excompañeros que reiteran el mensaje aprendido de que "no se puede vivir del arte" era evidente que el entorno social no era adecuado. Acción inmediata: borrar el perfil en redes sociales que vincula con este nefasto mensaje. Acción siguiente: plan de acción. Hoy por hoy: un exitazo del que estamos orgullosos.

"A este puesto sólo optan los ESADE". Estupendo. Es cierto que esta creencia limitante, como todas, se basa en referencias externas o internas. Vamos a por ellas: si compruebas los perfiles públicos de los directivos de algunas empresas que se te ocurran, verás que en su formación no siempre está el nombre de esta escuela de negocios. Este ejercicio lo puedes hacer con mucha facilidad mediante

LinkedIn o bien mediante visitas a páginas web y biografías de directivos.

Comentando mi posible entrada en una famosa escuela de negocios con un exalumno de la misma, sí decía que se aprenden cosas…si te lo propones, pero si en lugar de hacer los deberes de resolución de casos te vas de fin de semana, durante la resolución del caso en clase, el 20% del grupo está por la labor y el resto está comentando la película que vieron ayer o lo bien que se lo pasaron en su escapadita dominical.

Eso sí, todas las personas que conozco que han pasado por estas escuelas de negocio valoran tener por compañeros de clase a familiares de importantes políticos nacionales o extranjeros, de directivos de grandes compañías o personas adineradas. Volvemos al factor contactos y su importancia: profesionalmente hay personas que pueden abrir puertas. Asimismo, al igual que yo he recurrido a la universidad donde me formé para encontrar talentos cuando he tenido que cubrir vacantes, en cualquier escuela de negocios tienen bolsa de empleo…para alumnos y exalumnos.

Entonces, si la adquisición de conocimientos no está garantizada, ¿cómo adelantamos a un perfil que tenga formación en una conocida escuela de negocios o entidad especialmente acreditada? Como sea: mediante publicaciones del sector, simplemente mandando el mensaje correcto ("tengo pasión por ejercer en este ámbito"), con formaciones menores en las mismas escuelas o similares, abriendo contactos personales de dichas escuelas… es más que posible.

"A mi edad no me van a contratar". Si eres joven tienes tiempo por delante, energía, intereses… que siempre que estén alineados con lo que el puesto de trabajo requiere hay que potenciarlo en tus comunicaciones: decirlo. Si te consideras mayor, tienes experiencia y la costumbre de asumir un nivel de responsabilidad en la vida cotidiana. La misma mecánica: hay que alinear nuestro potencial personal con los intereses específicos del puesto de trabajo y…¡decirlo!

"Hay gente más preparada/mejor que yo para el puesto" ¿Puedes hacer el trabajo? Pues eres un candidato apto, no te descartes tú, que ese no es tu cometido. Conviértete en la persona a la que tú escogerías.

En cualquier caso, como comentaba, mejor no dar ningún paso sin la estabilidad adecuada: si no voy a entregarme al máximo a una candidatura porque tengo creencias limitadoras que me lastran, mejor no hacer nada. Eliminemos esas creencias con ayuda de profesionales del Coaching y/o Psicólogos y después… adelante. Existen sencillos y eficaces ejercicios de PNL (Programación Neurolingüística) que ayudan en estos casos.

"Sólo te contratan si sabes inglés". Si tienes creencias limitadoras que indican una posible capacidad a mejorar, además de eliminar la creencia, puedes capacitarte: formarte para aprender lo que tengas que aprender. En el caso del idioma, lo he puesto muy fácil: mediante los recursos que antes mencionaba puedes corregir un déficit de conocimiento, pero únicamente sirve si lo dices. Si no dices conocer los traductores online y las frases más comunes en tu puesto de trabajo (no son millones sino más bien decenas) nadie lo va a dar por supuesto, una vez más.

"Todas las empresas químicas contaminan y yo, aunque tengo una licenciatura en ciencias químicas, no puedo ejercer porque amo el planeta en el que vivo y quiero dejarlo sano a mi descendencia". Esta creencia apunta a los valores. Los legítimos valores que todos tenemos son más que respetables. Los factores de contaminación, hoy día, son controlados, para lo cual hacen falta personas con formación. En Ciencias Químicas, por ejemplo. No todas las empresas que utilizan productos químicos contaminan ni son del sector químico. Las hay farmacéuticas, de alimentación, cosmética, pinturas, productos de limpieza y droguería, aditivos de diversa índole, de control de calidad, de análisis, medioambientales…. Un montón de salidas alternativas para encontrar la que más afín sea a tus valores. Si no quieres trabajar con animales de laboratorio, no es necesario que te capacites y lo hagas. Incluso puedes luchar contra ello.

"Yo tengo plena comodidad con mi puesto y mi filtro personal profesional así lo indica, pero….¡no me veo!". Identidad. Cuando te planteas: globalmente, ¿quién soy yo? De forma consciente o inconsciente, puede que no sientas la satisfacción que te gustaría. Quizá porque hayas recibido referencias externas que te indiquen que ha llegado el momento de un cambio profesional. ¿Tu escenario laboral puede ser una playa en lugar de un laboratorio? ¿una cuadra en lugar de una sala de hospital? ¿un museo en lugar de una fábrica? ¿un jardín en lugar de una oficina técnica? ¿un despacho en lugar de una planta de proceso?....¿por qué no?. Diseña un buen plan de acción y dirige tus pasos a donde quieres estar, no hacia "donde toca". Olvida por un momento tu formación y experiencia y trata de detectar el escenario que te despierta satisfacción e interés: pasión. Si fueras propietario de una empresa y necesitaras un talento ¿contratarías antes a alguien con formación y sin pasión? ¿o a alguien sin formación y con pasión? La pasión anima y contagia a todas las personas, si bien los niveles de responsabilidad serán, sobre todo al principio, acordes a una formación y experiencia, pero...¿renunciar a una pasión? No lo creo recomendable ni saludable. La búsqueda, si la consideras necesaria, puede comenzar con tus contactos próximos. ¿Cuál es su escenario laboral? ¿cómo se sienten los demás? ¿qué destacan por bueno y por malo?... tomar un café con los demás de vez en cuando es una buena costumbre.

Aquí ha aparecido el inicio de otro tema: la entrevista. ¿A quién se contrata? A la persona que demuestra, además de capacidad, pasión. Con pasión, la capacitación y la formación son trámites más que asequibles.

Día 17. Tests.

Es muy probable que en algún momento de un proceso de selección tengas que pasar ciertos tipos de test. Son tests de personalidad y de inteligencia, generalmente. Para determinar si tu perfil personal/profesional es comercial o técnico, dotes de liderazgo, como llevas el ser liderado, capacidades organizativas...

Si tu proceso de selección pasa por una empresa especializada es más que probable que tengas que resolver tests de inteligencia (secuencias de figuras, agilidad mental...). Hay que justificar el coste de un proceso de selección.

La buena noticia es que este tipo de tests se pueden preparar. ¿Cómo? Practicando. Hay libros de test que incluyen respuestas y orientan acerca de los resultados. Recuerda que en muchas ocasiones no hay respuesta correcta, simplemente el test determinará tendencias personales durante el ejercicio de tu profesión.

Depende mucho de los tipos de test para la clasificación de perfiles (capacidades, conductas, comunicación, inteligencia...), una ciencia bastante difusa, pero suelen pretender clasificación de habilidades en uno de estos cuatro perfiles: obrero (el que está cómodo trabajando sin necesidad de gestionar información ni gestionar personas), analista (el que está cómodo ejerciendo con abundante información pero sin necesidad de gestionar personas), promotor (el perfil que no disfruta de la gestión de la información pero sí movilizando personas) y el perfil director (gestiona cómodamente personas e información).

No hay un perfil correcto, simplemente más o menos adecuado para la descripción que se haya hecho del puesto de trabajo desde la empresa que contrata la selección de personal. Tampoco hay un perfil puro, 100% directivo, promotor, analista u obrero. El carácter fluctúa durante el ejercicio de la profesión y durante los distintos niveles de carga de trabajo y/o responsabilidades. Somos humanos.

Estando así el panorama, es recomendable jugar de vez en cuando a la resolución de este tipo de test, juegos o directamente adquirir información de las pruebas más realizadas para el puesto al que vamos a optar. Libros de test y juegos de inteligencia hay montones en el mercado, tanto en bibliotecas, librerías e internet.

En el caso de que te pidan dibujar un árbol, se trata de un test que consiste en dibujar un árbol en una hoja de papel en blanco. Debajo he dibujado un árbol estándar, que puede ser demasiado sencillo para un artista y demasiado sofisticado para un abogado. Cosas a tener en cuenta son: que los nudos que dibujes en el tronco significan problemas latentes, que las frutas de la copa representan fantasía, que la asimetría no es buena, que separar el tronco de la tierra significa inestabilidad, que unas buenas raíces dan a entender que tienes "los pies en la tierra", el tamaño y borde de la copa del árbol, la posición del árbol en el papel...

También es frecuente el análisis de la firma. Si alguien se detiene a analizar tu firma: que sea ascendente te identificará como alguien optimista, si firmas con tu nombre será muy probable que priorices lo personal a lo profesional, si firmas con tu apellido darás a entender que priorizas lo profesional a lo personal, si tachas tu escrito significa que no te gustas, si rodeas tu nombre (o apellido) significará que estás cómodo cuando te sientes protegido, si escribes en mayúsculas significa que te gustan las cosas claras, el tamaño y forma de las letras, la profundidad del surco en el papel…. Serán datos que se tendrán en cuenta.

Esta clase de detalles se pueden entrenar fácilmente y evitar los rasgos que no sean deseables para la posición profesional a la que estamos optando durante un proceso de selección.

En cualquier caso, esta prueba tiene su efectividad y realmente facilita información acerca de tu persona, por lo que si eres descartado siempre en este tipo de pruebas, quizá deberías tomar medidas: verificar alineación, equilibrio mental y demás. Incluso recurriendo a profesionales.

Recientemente he hecho una encuesta a un grupo generoso de colaboradores de diversa formación y sectores profesionales y han indicado que un 80% de ellos no realizó ningún tipo de test ni prueba sobre papel. A pesar de este dato, creo importante tomarse la molestia de indagar en el ámbito de la selección para evitar sorpresas.

Día 18. Momento entrevista.

Para que no te pille por sorpresa vamos a preparar un poco las entrevistas. Sigue sin haber respuestas correctas, simplemente orientaciones sobre nuestra forma de ejercer que acercan o alejan al candidato de la forma de trabajar de la empresa (o la forma de trabajar que el personal de selección cree que tiene la empresa).

¿Qué preguntas son las más frecuentes? Pues ahí van unos ejemplos. Cabe preguntarse qué respuestas daríamos <u>con las que nos sentiríamos satisfechos</u>:

- Repasemos tu currículum vitae.
- ¿Por qué te fuiste de tu empresa anterior?
- ¿Por qué te interesa este puesto?
- ¿Qué es lo que más valoras de la empresa que te quiere contratar?
- ¿Cómo ha sido hasta ahora tu tipo de liderazgo?
- ¿Has tenido conflictos personales en el ámbito laboral?
- ¿Cómo te describirías con tres palabras?
- Dime tres cosas buenas sobre ti.
- Dime tres cosas malas sobre ti.
- ¿Por qué estudiaste lo que estudiaste?

- ¿Qué ventajas tiene para ti el horario/puesto/nivel de responsabilidad ofertado?
- ¿Te consideras un mercenario/a en el ámbito laboral?
- ¿Podemos seguir la entrevista en otro idioma?
- ¿Te consideras una persona responsable? ¿por qué?
- Cuéntame una situación en la que hayas tenido que ser innovador/a o resolutivo/a en el ámbito laboral.
- ¿Qué opinas de mi corbata?
- ¿Qué esperas de un puesto de trabajo?

Además de las respuestas del momento, nuestro entrevistador, a posteriori, se hará otras preguntas, del tipo:

- ¿El candidato/a revela información de otras empresas?
- ¿Alguna pregunta o temática incomoda al candidato?
- ¿Es coherente la capacidad comunicativa que anuncia con la que pretende?
- ¿Pregunta por un plan de carrera o evolución profesional?
- ¿Respeta STAR?
- ¿Tiene un grado de autoconfianza adecuado?
- ¿Tiene un nivel de entrega adecuado?
- ¿Tiene un buen nivel de versatilidad?
- ¿Muestra rigidez ante la negociación/el diálogo?
- …

STAR es una forma de explicar situaciones en el trabajo que consiste en dar los cuatro pasos siguientes: explicar cuál era la Situación, describir brevemente cuál era nuestro Trabajo, explicar cuál fue nuestra Acción y hablar de los Resultados. Es una técnica que ayuda a mantener el hilo de una narración breve y, para los que la conocen, adelantan que somos candidatos preparados.

Para preparar la parte de "respuestas correctas" basta con escribir las respuestas más sinceras y adecuadas e interiorizarlas. En caso de duda, mejor recurrir a ayuda externa, una vez más asesores, amigos o ambos.

También es de especial interés el lenguaje no verbal: la forma de sentarse en la silla, la energía al dar la mano, esperar o no antes de sentarse, cruzar piernas o manos… Mantener la relajación es lo más adecuado pero también lo más difícil para algunas personas. ¿El truco? Cada uno tiene el suyo: respirar profundamente, aguantar el aire 3 segundos y soltarlo, racionalizar los detalles de la situación, manteniendo al inicio la concentración en "tomar posiciones", es decir: debo tocar la puerta y estrechar la mano con energía, sentarme de forma cómoda y no en el borde de la silla, acomodarme, evitar cruces de piernas o brazos/manos, no evitar los ojos de nuestro interlocutor... y una vez tomada la posición, pasar la atención a la parte oral de la entrevista.

Hay abundante información y vídeos accesibles sobre la conducta a evitar durante una entrevista en un proceso de selección. ¿Mi consejo? No olvidar que ya estamos ejerciendo en el puesto que nos ofrecen, pero aun no hemos entrado: la actitud de la búsqueda desde el día 1.

Día 19.- Pasos a incluir en nuestro calendario/plan de acción.

Las tareas que realizaremos de forma periódica las podemos incluir en la agenda y serán el Plan de Acción. Así, además de saber que profesionalmente estamos donde debemos estar, conoceremos el tiempo que nos queda para el ocio y otras obligaciones (sí, para mí el ocio es una obligación).

Tabulado, quedaría más o menos así:

Acción	Frecuencia
Actualizar el Currículum Vitae	Anual, si no hay novedades
Revisar páginas de empleo	Semanal
Revisar bolsas de empleo físicas (lista INEM, SOC, colegio profesional, Ayuntamiento...)	Quincenal
Una vez establecido contacto inicial, refrescar el contacto con empresas Diana	Semestral
Revisar alineación	Semanal
Revisión de eventos interesantes (formaciones, charlas, ferias sectoriales, encuentros,	Trimestralmente

acontecimientos del ámbito…)	
Algún test de inteligencia / personalidad /…	Mensualmente
Capacitación en informática o idiomas	Según convenga, si conviene

Día 20. Uso del filtro profesional personal

Como ya hemos diseñado nuestro filtro personal profesional ahora lo podemos utilizar para conocer de una forma objetiva si un trabajo es mejor que otro o si una oferta de empleo es mejor que otra. Incluso podemos determinar si una profesión nos puede resultar atractiva según nuestros valores personales, las cosas que nosotros valoramos cuando ejercemos nuestra profesión.

¿Cómo hacerlo? Pues valorando de las ofertas que nos lleguen cada uno de los factores de los que son relevantes para nosotros. Podemos practicar incluso con trabajos del pasado.

Como ya hemos valorado genéricamente cuán importante es para nosotros cada característica de un puesto de trabajo, ahora hacemos lo propio con los trabajos pasados o futuros.

Para ponderar usamos valores relativos, por ejemplo, con una tabla como la que muestro en la hoja de cálculo. En la primera parte están las fórmulas y en la segunda los resultados numéricos de las mismas.

De utilizar una tabla así, únicamente cumplimentaremos las columnas llamadas "trabajo X" (tantas como trabajos queramos cumplimentar). Al final de la columna veremos los valores que podemos comparar entre sí, rodeados con un círculo.

Apréciese que para alguien que valora con un 9 sobre 10 la retribución económica, un empleo que valora en este sentido con un 5 sobre 10 acaba teniendo mucha mejor puntuación que otro cuya valoración ha sido de 7... la magia de la ponderación.

Se pueden eliminar y añadir filas y columnas a placer, lo importante es que el mismo criterio pesará para todas las posiciones laborales por igual y el valor numérico final será comparable. Incluso si en el futuro cambia nuestro criterio (el definido en la columna B) toda la tabla se verá afectada y un trabajo que en su momento convenía...o no, cambia su condición con el tiempo y las circunstancias.

Me he encontrado en varios casos en los que un buen trabajo en el Plan de Acción ha acabado en multitud de ofertas simultáneas en candidatos que se han aferrado a la primera opción por no perder una oportunidad y, a posteriori, el filtro profesional personal ha sido especialmente útil a la hora de respetar el criterio de la persona asesorada. Debemos ser prudentes con nuestros primeros empleos porque condicionan los que vendrán, al empezar a dar forma al currículum vitae que nos define.

También me he encontrado con talentos que, tras cambiar de puesto de empleo y asentarse se quejan de que están peor, pero cuando pasan su situación por el filtro profesional personal verifican que no, que realmente el pasado fue peor.

Concepto	Valoración personal genérica (1-10)	Valores relativos genéricos (%)	trabajo 1	valores relativos del trabajo 1	trabajo 2	valores relativos del trabajo 2	trabajo 3	valores relativos del trabajo 3
Proximidad a casa	5	[illegible]	5	[illegible]	2	[illegible]	4	[illegible]
Nivel de responsabilidad	6	[illegible]	5	[illegible]	4	[illegible]	4	[illegible]
Estabilidad ambiente laboral	7	[illegible]	5	[illegible]	6	[illegible]	4	[illegible]
Nivel de presión y estrés	5	[illegible]	5	[illegible]	8	[illegible]	7	[illegible]
Horario	8	[illegible]	5	[illegible]	2	[illegible]	7	[illegible]
Flexibilidad deliberada	8	[illegible]	5	[illegible]	4	[illegible]	9	[illegible]
Necesidad de desplazamientos	3	[illegible]	5	[illegible]	6	[illegible]	9	[illegible]
Posibilidades de promoción	6	[illegible]	5	[illegible]	8	[illegible]	[illegible]	[illegible]
Nivel de autonomía e dependencia ante decisiones	8	[illegible]	5	[illegible]	2	[illegible]	[illegible]	[illegible]
Estabilidad	6	[illegible]	5	[illegible]	4	[illegible]	3	[illegible]
Responsabilidad social	2	[illegible]	5	[illegible]	6	[illegible]	[illegible]	[illegible]
Un sector que nos interese o nos guste/atraiga	6	[illegible]	5	[illegible]	3	[illegible]	[illegible]	[illegible]
Un puesto/cargo que nos interese	1	[illegible]	5	[illegible]	3	[illegible]	7	[illegible]
Afinidad de la empresa, o el puesto con nuestros valores personales	3	[illegible]	5	[illegible]	5	[illegible]	[illegible]	[illegible]
Afinidad del puesto con nuestra formación de base	6	[illegible]	5	[illegible]	4	[illegible]	[illegible]	[illegible]
Posibilidades de conciliar la vida personal con la profesional	5	[illegible]	5	[illegible]	8	[illegible]	7	[illegible]
Condiciones económicas	9	[illegible]	5	[illegible]	7	[illegible]	5	[illegible]
	112	[illegible]	65	[illegible]	[illegible]	[illegible]	[illegible]	[illegible]

Concepto	Valoración personal genérica (1-10)	Tus valores relativos genéricos (%)	trabajo 1	valores relativos del trabajo 1	trabajo 2	valores relativos del trabajo 2	trabajo 3	valores relativos del trabajo 3
Proximidad a casa	5	5,9	5,0	29,4	2,0	11,8	4,0	23,5
Nivel de responsabilidad	6	7,1	5,0	35,3	4,0	28,2	4,0	28,2
Calidad del ambiente laboral	7	8,2	5,0	41,2	6,0	49,4	4,0	32,9
Nivel de presión y estrés	9	10,6	5,0	52,9	8,0	84,7	7,0	74,1
Horario	8	9,4	5,0	47,1	2,0	18,8	7,0	65,9
Flexibilidad del horario	8	9,4	5,0	47,1	4,0	37,6	9,0	84,7
Necesidad de desplazamientos	9	10,6	5,0	52,9	6,0	63,5	9,0	95,3
Posibilidades de promoción	6	7,1	5,0	35,3	8,0	56,5	4,0	28,2
Nivel de autonomía o dependencia ante decisiones	8	9,4	5,0	47,1	2,0	18,8	4,0	37,6
Estabilidad	8	9,4	5,0	47,1	4,0	37,6	3,0	28,2
Responsabilidad civil	2	2,4	5,0	11,8	6,0	14,1	8,0	18,8
Un sector que nos interese especialmente	6	5,4	5,0	26,8	3	16,1	6	32,1
Un puesto/cargo que nos interese	7	6,3	5,0	31,3	3	18,8	7	43,8
Afinidad de la empresa o el puesto con nuestros valores personales	3	2,7	5,0	13,4	5	13,4	8	21,4
Afinidad del puesto con nuestra formación de base	6	5,4	5,0	26,8	4	21,4	8	42,9
Posibilidades de conciliar la vida personal con la profesional	5	4,5	5,0	22,3	8	35,7	7	31,3
Condiciones económicas	9	8,0	5,0	40,2	7	56,3	5	40,2
	85	100,0	60,0	500,0	60,0	505,3	71,0	602,4

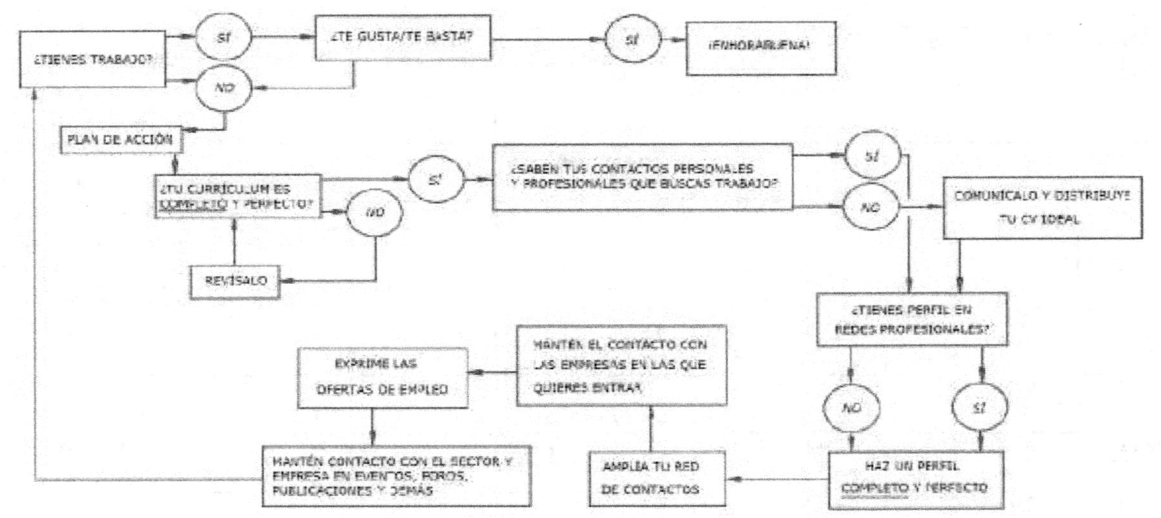

¿TIENES TRABAJO?
SÍ
NO
¿TE GUSTA/TE BASTA?
SÍ
¡ENHORABUENA!
PLAN DE ACCIÓN
¿TU CURRÍCULUM ES COMPLETO Y PERFECTO?
NO
SÍ
REVÍSALO
¿SABEN TUS CONTACTOS PERSONALES Y PROFESIONALES QUE BUSCAS TRABAJO?
SÍ
NO
COMUNÍCALO Y DISTRIBUYE TU CV IDEAL
¿TIENES PERFIL EN REDES PROFESIONALES?
NO
SÍ
HAZ UN PERFIL COMPLETO Y PERFECTO
AMPLÍA TU RED DE CONTACTOS
MANTÉN EL CONTACTO CON LAS EMPRESAS EN LAS QUE QUIERES ENTRAR
EXPRIME LAS OFERTAS DE EMPLEO
MANTÉN CONTACTO CON EL SECTOR Y EMPRESA EN EVENTOS, FOROS, PUBLICACIONES Y DEMÁS

ANEXOS

ANEXO 1. ESTADÍSTICA SOBRE PERFILES EN ACTIVO

Algunas respuestas a la situación de los profesionales que están ejerciendo ahora: cómo entraron, estudios...

En esta primera gráfica muestro las formas en las que entraron a trabajar los profesionales en activo: contactos personales, contactos profesionales, mediante bolsas de empleo en red, mediante autocandidatura, a través de otras bolsas de empleo, autoempleándose o por otras vías. Las demás se explican por sí mismas.

Obsérvese que si se suman los porcentajes de contactos personales y profesionales y autocandidaturas, se obtendría el mayor porcentaje y con diferencia, mucho más que las bolsas de empleo en red.

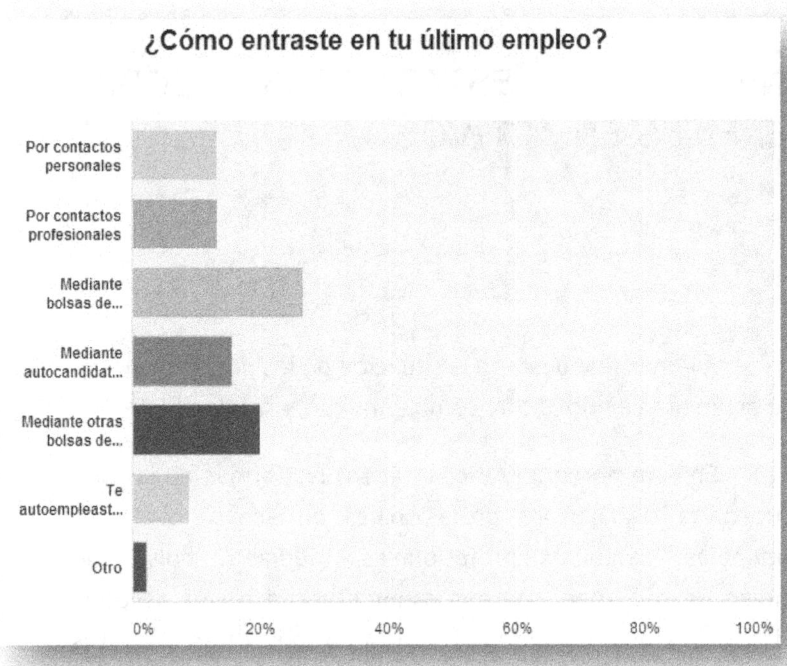

¿Cómo entraste en tu último empleo?
Por contactos personales
Por contactos profesionales
Mediante bolsas de...
Mediante autocandidat...
Mediante otras bolsas de...
Te autoempleast...
Otro
0%
20%
40%
60%
80%
100%

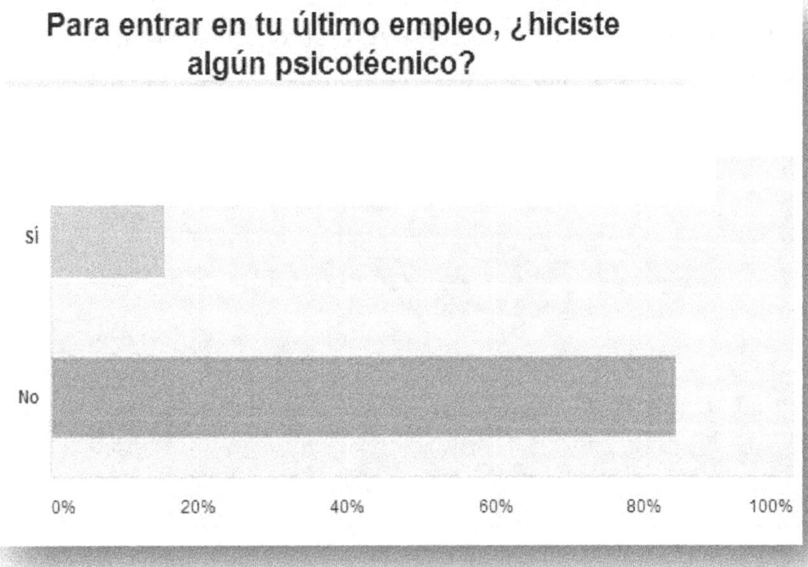

Para entrar en tu último empleo, ¿hiciste algún psicotécnico?
Sí
No
0%
20%
40%
60%
80%
100%

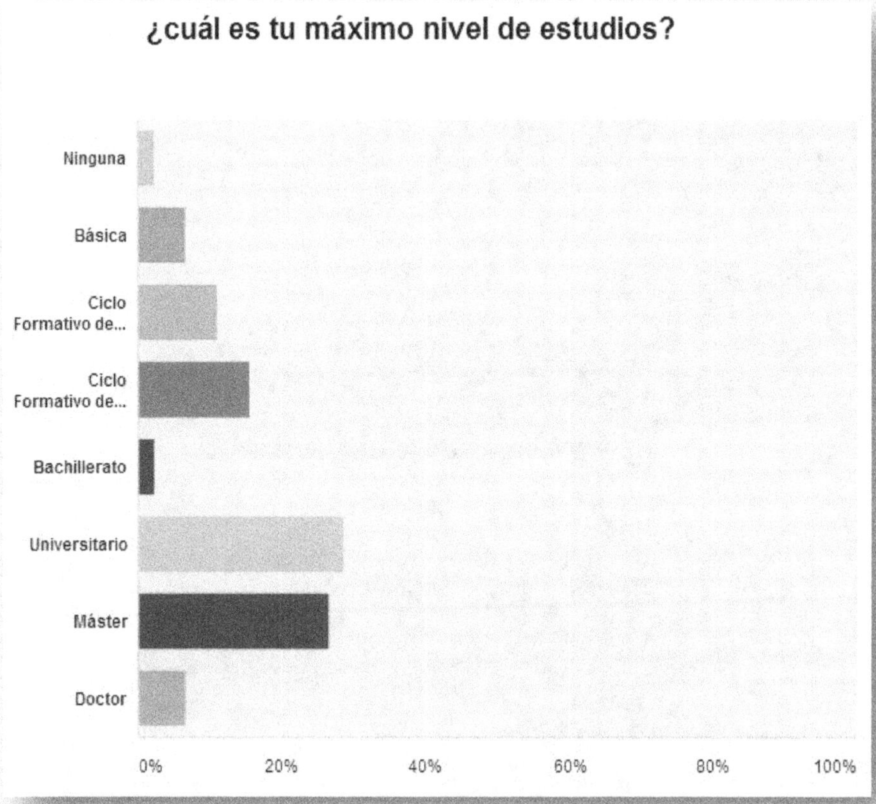

¿cuál es tu máximo nivel de estudios?
Ninguna
Básica
Ciclo Formativo de...
Ciclo Formativo de...
Bachillerato
Universitario
Máster
Doctor
0%
20%
40%
60%
80%
100%

¿ejerces de lo que has estudiado?

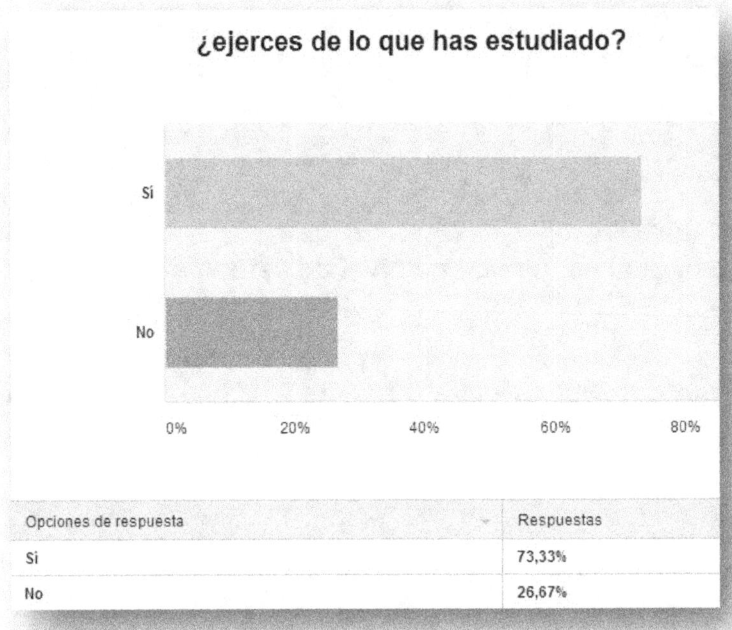

Opciones de respuesta	Respuestas
Sí	73,33%
No	26,67%

¿ejerces de lo que quieres?

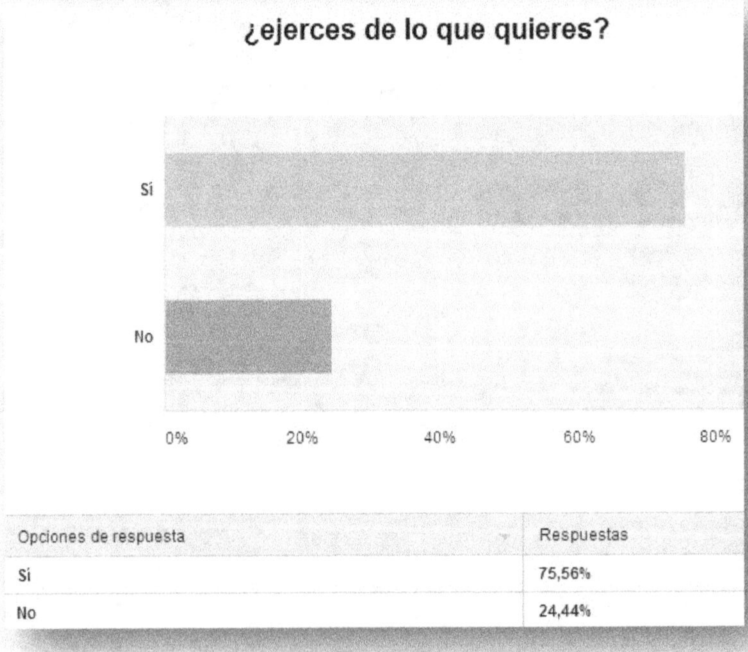

Opciones de respuesta	Respuestas
Sí	75,56%
No	24,44%

ANEXO 2. CARTA DE MOTIVACIÓN

CIUDAD, a DIA de MES de AÑO

A quien pueda interesar,

La presente es para reflejar mi interés y entusiasmo por su empresa/sector/oferta dados los actuales intereses de mi trayectoria profesional. Verán en mi información profesional una progresión en los niveles de responsabilidad adquiridos que creo concuerda perfectamente con las exigencias del entorno en el que su entidad se desenvuelve.

Puedo avalar este interés profesional mediante (cartas de recomendación / formación específica / mi pertenencia a foros específicos desde la fecha XXXX / recomendaciones directas...) de modo que quedo a su disposición para ampliar o aclarar la información que consideran oportuna, invitándoles a mantener contacto a través de las redes sociales profesionales típicas.

Atentamente,

NOMBRE + APELLIDOS

Teléfono

Dirección de correo electrónico

url hacia linkedin

ANEXO 3. CURRÍCULUM POR COMPETENCIAS: TÉCNICAS

Las competencias técnicas son aquellas propias de una formación y reforzadas por una trayectoria profesional, pudiendo ser unos ejemplos:

"Recursos propios para lidiar con los problemas típicos de mi profesión, habiendo sido puestos a prueba en diversas situaciones asumiendo distintos grados de responsabilidad" con ejemplos concretos.

"Facilidad de cálculo y en la dinamización de procesos, acostumbrado a trabajar bajo presión y dentro del marco normativo que la profesión exige"

"Destaca técnicamente mi trabajo por su robustez y versatilidad, no sólo incluyendo recursos propios de otras áreas, sino sumando gracias a ello sinergias que facilitan la consecución de logros y mejoras"

"Ejercer mi profesión controlando la misma mediante los típicos indicadores de la empresa es una comodidad que no impide que vuelque esfuerzos en mejoras e innovaciones que, una vez implementadas, mejoran la eficiencia de mi entorno"

"Acostumbrado a trabajar por plazos temporales, me jacto de incluir mis ideas y recursos de forma que las expectativas puedan ser fácilmente rebasadas"

ANEXO 4. CURRÍCULUM POR COMPETENCIAS: SOCIALES

Las competencias sociales son las que hacen referencia a las personas y orientarán acerca del grado de liderazgo o facilidad para negociar o convencer. Ahí van unos ejemplos:

"Disfruto de la gestión de talentos y equipos, sacando lo mejor de cada colaborador mediante mis recursos comunicativos. Soy partidario de zanjar conflictos personales en el momento en que surgen, eliminando tensiones innecesarias".

"Procuro un buen ambiente laboral en que cada uno es exigente consigo mismo y sus resultados, dando a conocer sus indicadores y mejorando de forma objetiva día a día y con motivación"

"Aporto lo que puedo para que el entorno laboral sea propicio a los resultados que se espera de mi departamento, considerándome inmune a tensiones sociales que no aportan nada a mi profesión"

"Soy una persona comunicativa que respeta y se hace respetar. Ayudo a mis compañeros y consigo unir talentos y encontrar sinergias que mejoran el ambiente laboral y la productividad"

"Me adapto al medio social en el que debo, sacando con el tiempo lo mejor de mis compañeros y aportando recursos para ampliar los suyos. El ambiente laboral es importante para mí y me gusta modelarlo para hacerme hueco escuchando y siendo escuchado".

ANEXO 5. CURRÍCULUM POR COMPETENCIAS: ORGANIZATIVAS

Las capacidades organizativas hacen referencia a aquellas que facilitan la gestión de personas, tiempo y otros recursos. Siempre que se pueda y sea relevante, conviene recordar brevemente la existencia de una formación específica en la materia, además de una experiencia enriquecedora que avale tales habilidades en este campo.

"La organización es importante para la producción y para mí, disfruto con la gestión de personal y talentos, aplicando herramientas de gestión de la producción contrastadas". Aquí hay que enumerar las anunciadas herramientas.

"No tengo problema en seguir procedimientos e informar de incidencias. Me gusta formar parte de una maquinaria efectiva."

"Me gusta trabajar en la resolución de las incidencias organizativas del día a día pero también participando para que estas incidencias no se repitan."

"Dispongo de recursos formativos y experiencia que me capacitan para optimizar la eficacia de los recursos que se me asignan, muchos o pocos, y alinearlos con las prioridades de la empresa".

"Disfruto gestionando recursos y delegando responsabilidades para motivar al equipo humano, coordinando actividades, acontecimientos y plazos".

ANEXO 6. SITIOS EN INTERNET

Portales de empleos, sitios municipales, de la comunidad autónoma o estatales, del colegio o universidad, entidades, buscadores de empleos, empresas de selección, usuarios en redes sociales, temas en redes profesionales, páginas web de empresas... Hay un montón de sitios en los que buscar ofertas de empleo. Recuerda, no obstante, que la mayoría de ellas no llega a publicarse por ser cubierta antes de arrancar el proceso de selección propiamente definido.

De lo que encuentres interesante, ya sabes: ¿qué frecuencia de consulta merece este sitio? La decides y la anotas en la agenta. Mirar más de la cuenta es desesperar innecesariamente, sobre todo habiendo otras cosas que hacer.

Así, para entretenerte en ese reducido porcentaje de ofertas que anda por la red, aquí tienes algunos sitios: bolsas propias, motores de búsqueda (recopilan entre las bolsas propias) y otros recursos. Muchos de ellos tienen aplicación de móvil y versión específica también para móvil. No suelen tener la misma cantidad de ofertas en la versión, WEB, móvil y aplicación, por lo que mejor utilizar un ordenador con una buena pantalla para hacer la búsqueda cómodamente y abarcando al máximo. En algunos casos las páginas también tienen perfil en las redes sociales, pero eso no significa que publiquen en ellas toda la información que nos interesa. Recuerda que no únicamente buscamos un empleo que se ajuste a nuestro currículum, sino ver qué empresas buscan, cómo buscan, cuáles son las empresas de selección que trabajan en nuestro sector (o rango salarial)... ¡ánimo!

Adtriboo.com	Página en la que se publican proyectos para que los profesionales de un determinado sector hagan propuestas y se pueda escoger la mejor opción. Sus opciones son: "ver proyectos" o "buscar profesionales". La idea suena potente, pero no tiene mucha actividad, dada la amplitud geográfica del proyecto.
aldaba.com	Portal de empleo en varios países con un curioso sistema de búsquedas preestablecidas. También tiene un buscador bastante bien logrado.
animajobs.es	Trabajo para animación en toda Europa: parques de atracciones y lugares turísticos, generalmente.
anuncit.com/trabajo	Agradable búsqueda por categorías y subcategorías. Unos 34000 anuncios el día que miro... no está mal.
bakeky.com	Esta web es para encontrar trabajo en Italia. Está en italiano.
bebee.com	Ver Trabajar.com
Bizneo.com	Tras contestar a "en qué empresa buscas trabajo" y "en qué ubicación" facilita el contacto para darse a conocer en las herramientas que las empresas utilizan. Pretende ahorrar el darse de alta en las páginas WEB

	mediante los formularios que en ellas se facilitan.
bolsadetrabajo	1200 trabajos anuncios durante la consulta.
buscojobs.com	Seleccionamos el país, España o América del Sur, y aparece un listado de ofertas por meses. Sí son ofertas propias.
careerbuilder.com	Ofertas de trabajo en EEUU. En inglés.
civileng.com	Sencilla recopilación de links prescindible si estás leyendo este texto: google, primerempleo...
computrabajo.es	Interesante bolsa de ofertas de empleo. Si bien se echa de menos un buscador avanzado, los 3000 puestos que ofertan hoy indican que vale la pena echar un vistazo de vez en cuando a esta bolsa.
contactosdetrabajo.com	Otra interesante lista de empleos sencilla y con poca publicidad. El número de ofertas es limitada, por lo que acabamos rápidamente la revisión de este sitio de la red.
cv10.es	Unas decenas de ofertas propias entre las que buscar rápidamente. Mucho comercial, atención al público y promotor, a día de hoy, pero nunca se sabe...
ec.europa.eu/eures	Ofertas a nivel europeo y gran cantidad de recursos para emigrar.
empleo.com	A pesar de su nombre, esta web ofrece trabajos en EEUU. En inglés.

empleo.landings.jobandt alent.com	registro obligatorio. Anuncian 29000 ofertas. Es interesante tener perfil en este recurso por su filosofía de que los talentos estén "en el mercado".
Empleo.org	noticias de empleo, con una bolsa de empleo específica para discapacitados.
Empleo.trovit.es	Aunque las búsquedas se acaban desvirtuando, puede abrir puertas.
empleoenturismo.com	Palabra clave, zona y categorías, siendo estas las del sector: discotecas, cruceros, animación, recepción... Sector turismo, obviamente.
Empleomarqueting.com	Interesante formato: aparece un plano del país con un círculo en cada ciudad de las que tiene vacantes. El círculo contiene el número de ofertas. Desde ella se selecciona palabra clave, región y categoría, dentro del área de márquetin.
Empleorapido.es	Con una única ventana de búsqueda, "química, Barcelona", por ejemplo, da un montón de ofertas afines. Remite a otras bolsas y a veces éstas han retirado el anuncio. No es de las prioritarias, a día de hoy.
es.jobdiagnosis.com	Recopila ofertas de otras páginas. Es simplemente, una opción más.

Es.unmejorempleo.com	Anuncian 3800 ofertas. Según cuál sea tu sector y ubicación geográfica te resultará más o menos interesante: a probar.
Expansionyempleo.com	Escasas ofertas, pero igualmente, no hay que descartarla, sólo utilizarla con la frecuencia adecuada.
Expeers.com	Herramienta vinculada a Facebook que dice poner a tu disposición las ofertas más activas e interesantes.
Experteer.es	Ideal para perfiles sénior e interesante por los rangos salariales, contactos y demás.
feinaactiva.gencat.cat	El buscador de ofertas de la Generalitat de Catalunya. A tener en cuenta porque algunas empresas recurren a esta bolsa tras ver precios en consultorías de RRHH o de otras páginas de internet.
Goempleos.es	Sitio que anuncia 7500 empleos. Formato algo engorroso. Como las demás, es cuestión de probarla y asignarle un período de supervisión.
hacesfalta.org	Con opciones de voluntariado y de empleo. Abundante publicidad y registro imprescindible. Tiene un apartado exclusivo para "ofertas executive".
Hays.es	No puede faltar una revisión periódica a esta página si eres un perfil sénior. Deben conocerte.

Idoneum.com	Ofertas no muy abundantes pero propias. Su búsqueda es sencilla: país, localidad y palabras clave. Algunas ofertas parece que llevan mucho tiempo en la web: hasta 2 años.
Indeed.es	Recopila ofertas de muchas otras páginas, lo que es especialmente interesante. Otros motores de búsqueda de empleos… remiten a éste.
Infoempleo.com	A pesar de la publicidad, es interesante por la abundancia de sus ofertas. También hay que considerar que tiene una pestaña de empleo internacional.
Infojobs	Para ordenador o móvil, ten en cuenta que no aparecen el mismo número de ofertas en uno y en otro. Interesante para navegar por las ofertas con distintos criterios de búsqueda
inllabora.com	Otra bolsa. Sencilla pero efectiva…para el que le funciona. Interesante que muestran la caducidad del anuncio.
insertia.net	Esta web de empleo y formación usa las ofertas de Indeed, por lo que mejor ir directamente a la fuente.
Jobandtalent.com	Abundantes e interesantes ofertas. Se pueden consultar sin darse de alta. Permite recibir ofertas con un criterio bastante certero.

jobcrawler.info	Indicando "química" y "Barcelona" únicamente aparece un resultado, señal de que no es una base muy completa.
Jobijoba.es	No es una bolsa propia, compila de otras páginas. Tiene algunos recursos adicionales como consejos y empresas, pero como fuente de ofertas no es la mejor, en la fecha de escribir estas líneas.
jobomas.com	Una vez más se nos anuncia que las ofertas de empleo vienen de indeed. Permite hacer Login desde Facebook, LinkedIn o Google+
jobsket.es	Dirige a beBee.com o kitempleo.es, siendo una bolsa que muestra a fecha de consulta, 48800 ofertas... no está mal
jobtransport.es	Web de empleo en el sector logístico.
Jooble	Muy buen motor de búsqueda. En el caso de poder consultar muy poco o nada las ofertas, diría que es la mejor opción.
Kitempleo.es	Anuncian 62000 empleos. El buscador es mejorable, pero es cuestión de cogerle la práctica. De vez en cuando es consultable.
Laboris.net	Fácil, versátil y con un buen buscador, además de links específicos hacia información adicional "canal química", por ejemplo.

Linkedin.com	La red social profesional más utilizada en este país. Tiene bolsa de empleo y todo lo indicado en el capítulo específico de este escrito.
Linkmyjob	Tiene un apartado Freelance y no demasiadas ofertas. La misma mecánica: a probar y asignar una frecuencia de consulta.
mercadis.com	Bolsa de empleo para personas con discapacidad. En el momento de la consulta únicamente apareció una oferta para Barcelona.
michaelpage	Imprescindible para perfiles sénior y que aspiren a serlo.
Minijobs.pro	En esta página se ofrecen y demandan pequeñas colaboraciones puntuales. Puede ser fuente de inspiración o se puede pasar el rato, pero no es probable que a partir de ella consigamos ejercer nuestra profesión.
Monster.es	Se echa en falta la opción de "rango salarial" en la búsqueda avanzada, por lo demás, bastante completa.
oficinaempleo.com	Lista ofertas de empleo entre ofertas de formación y al final indica "ofertas de Indeed", por lo que quizá mejor recurrir directamente a esta otra página.
padweb.org	Entidad con un apartado con algún empleo del ámbito de la informática y programación.

perfilempleo.es	Ha pasado a ser Infojobs
Plataformadeempleo.com	Bolsa propia bastante limitada. Se puede seguir, como otras, en Twitter, llamándose @pemjob.
Primerempleo.com	Su escueto buscador (una palabra) incluye noticias y ofertas. Tiene una enorme lista de candidatos en la que estar cuesta un momento y las ventajas pueden ser interesantes, aunque no es genial como página de ofertas de empleo.
reddetrabajo.com	Curioso formato tipo directorios para ir navegando, pero poca aportación al listado que tienes delante.
Redtrabaja.es	Únicamente lista unos cuantos links que pueden resultar interesantes…o no. No es una bolsa.
seleccion.cegos.es	20 ofertas de empleo en el momento de la consulta, pero ¿y si eres de esos 20?
simplyhired.es	Recopilador de ofertas. 150000 empleos en España… a buscar.
status.es	Directores, manager, gerentes…. No hay montones de ofertas, pero pueden ser muy interesantes.
Studentjob.es	1600 ofertas en la fecha de consulta. Se reconocen especializados en jóvenes estudiantes y recién titulados. Abundan las ofertas de prácticas, profesores y afines. Consideran otros países de la UE.

talentous.com	Se anuncian para perfiles sénior y directivos, a nivel internacional. Si tienes perfil en LinkedIn te facilitan el registro.
Tecnoempleo	Empleos para informáticos y telecomunicaciones. 7000 ofertas en el momento de consultarla. Tiene apartado de empleos, para Freelance y de formación. También considera ofertas en el extranjero.
tecnojobs	Ofertas de empleo tecnológicas. Para informáticos y afines. 25000 oportunidades hoy.
Ticjob.es	Bolsa propia específica para el sector de la Tecnología de la Información y Comunicación (informática y afines).
Trabajamos.net	Bolsa propia con buscador sencillísimo, creo que le falta especificidad. Vinculada a Facebook y LinkedIn
Trabajando.es	Anuncian 20500 vacantes para 3600 ofertas. Es bolsa propia. Tiene opción para España y para países de América del sur.
Trabajar.com	Dirige a beBee.com, siendo una bolsa que muestra a fecha de consulta, 48800 ofertas… no está mal
Trabajo.org	Busca trabajo en la red, no tiene ofertas propias. Las búsquedas no son muy certeras, "I+d+i" lleva a "oficial matricero", pero es cuestión de ir practicando con el buscador.

trabajoo.net	Remiten a trabajoo.com y no están activos en la web a fecha de escribir estas líneas.
Trabajos.com	No es la opción que más ofertas incluye y la búsqueda es limitada, pero no hay que descartarla porque incluye ofertas interesantes.
trovit.com	ver empleo.trovit.es
turijobs.com	Ofertas de trabajo en turismo, como su nombre indica. También ofrecen formación, como otras muchas. Sí tiene búsqueda avanzada.
workea.org	No es una bolsa propia sino que recopila en algunas páginas. El formato de ¿qué? Y ¿dónde?. La publicidad e insistencia para conseguir tu dirección de email es algo molesta.
worxler.com	Con la filosofía de poner en contacto solucionadores con gente que necesita un guía, manitas, niñera, limpiador, chófer, cocinero, paseador de mascotas... Es original, pero no siempre para vivir de una profesión.
Xing	Es una red social de carácter profesional que promueve la ampliación de contactos y oportunidades. No es la más extendida en España, pero las tendencias pueden cambiar o puede que te propongas viajar, así que no pierdes nada por probarla: crear un perfil, buscar tus contactos, tus empresas, empleos...

ANEXO 7. ADVERTENCIAS

1.- Las preguntas de las bolsas de empleo en internet (*killer questions*) no son eliminatorias. La empresa que pone el anuncio estipula una puntuación para cada respuesta y es opcional que una de ellas descarte al candidato. De hecho, es éste el que se autodescarta cuando marca la respuesta no deseada. Suele ser del tipo *"te interesa trabajar fines de semana"* o bien *"eres licenciado en medicina"*. Se comprende la razón por la que es relevante la respuesta.

2.- Cuidado con las estafas: existen entidades con ánimo de lucro que buscan venta de fotos, de asesoramiento, de formación, de datos personales u otro tipo de servicios y para ello camuflan su producto como una oferta de empleo: *"si te hago un book de fotos (y lo pagas) pasas a formar parte de mi bolsa de modelos y te llaman cuando buscan a alguien con tu perfil"*, *"si quieres optar a la oferta te arreglo el currículum (y te lo cobro) y curso tu candidatura"*, *"si quieres optar al puesto debes sacarte el carnet de conductor de carretillas elevadoras con nosotros y entras en la bolsa de empleo"*, *"cumplimenta esta documentación con tus datos personales y te mantenemos informado sobre el proceso y ofertas afines"*, *"para información sobre esta oferta debes llamar al ochocientos..."*. Son técnicas de venta agresivas o directamente, estafas.

Biografía del autor

El autor imparte seminarios en centros universitarios y tiene consulta personal en el ámbito del posicionamiento laboral, en el que utiliza recursos de PNL, coaching, marqueting, community manager y los propios de su formación y experiencia personal y profesional. Por la diversidad de los perfiles de sus clientes y por haber intervenido profesionalmente en sectores químico, farmacéutico, alimentario, cosmético, metalúrgico, entre otros, la versatilidad y robustez de sus métodos son su característica principal a día de hoy.

Más información en

www.conradorg.es

http://es.linkedin.com/in/conradorg/

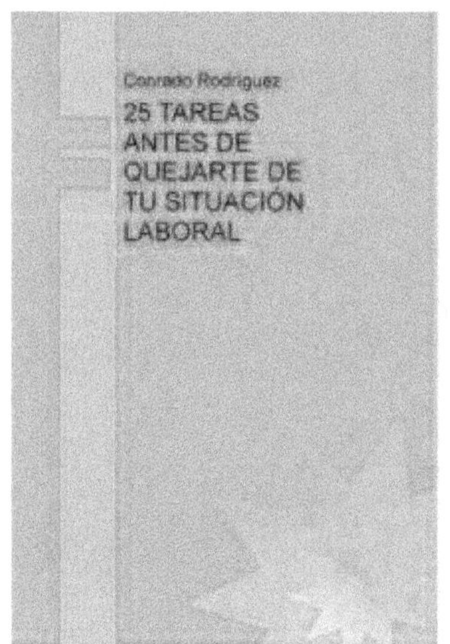

También disponible en *Bubok*

www.ingramcontent.com/pod-product-compliance
Lightning Source LLC
La Vergne TN
LVHW010343200726
843507LV00010B/1626